日本人が
グローバル資本主義を
生き抜くための
経済学入門

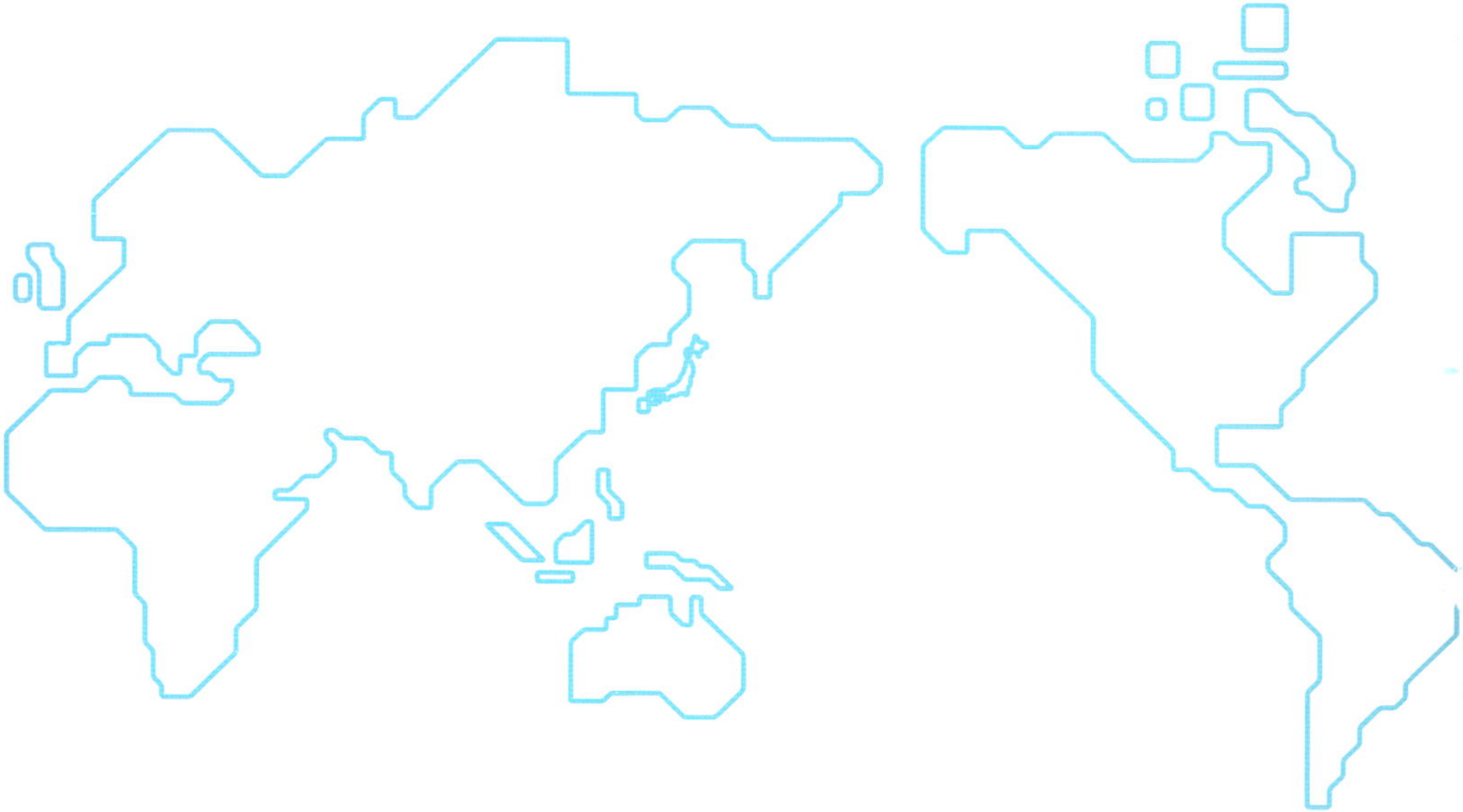

もう代案はありません

藤沢数希

ダイヤモンド社

まえがき

ニュースなどで実際に話題になっている経済問題をもっと理解しようと思って、大学生の経済学の教科書を開いてもあまり役に立ちません。というのも現在のホットな話題、たとえば中央銀行の量的緩和、経常収支のグローバル・インバランス、世界同時金融危機、人民元の固定相場、新興国のバブル、ユーロ危機、エネルギー政策などといった重要な話題は、大学生が勉強するような経済学の教科書ではほとんど触れられていないからです。

経済学部に入学するとミクロ経済学というのを勉強します。ミクロ経済学というのは個人や会社がどうやって自らの利益や幸せを最大化するのか、あるいはどういう経済のしくみにしたら最大化できるのか、といったことを数式を使って定式化する学問です。しかし、その多くが商売をやっていたら自明のことか、あるいはあまりに現実世界の複雑さを取り除いたモデルのために、あまり仕事には役に立ちません。

ミクロ経済学は学問的には完成していて、学者の間でほとんど意見の相違がありません。そもそもある仮定の中で、いろいろな結論を導くので、その仮定を適当に決めれば結論に異論がなくなるのは自明でしょう。数学のように閉じた理論体系ともいえます。確かに数学が商売に直接役に立つことが少ないように、ミクロ経済学を勉強したからといって儲かるわけではありません。しかし、日本ではなぜか嫌われている市場原理による競争が、人々を幸せにし、社会を豊かにしていくということが理論的に証明できるのは、なかなか面白いです。

それからマクロ経済学というのを勉強するのですが、マクロ経済学の教科書の最初の8割ぐらいは、閉鎖系を対象に議論が進みます。閉鎖系というのは外国が存在しないモデルです。つまり海外と貿易もしなければ、金融取引もしません。だから現実の世界とは大きく違って、実際にニュースなどで話題になることとあまり関連がありません。

それで、残りの2割ぐらいでようやく現実の世界経済との関連性が出てくるのですが、このころになると経済学部の大学生は就職活動のことで頭がいっぱいで、誰も経済学のことなんて勉強しなくなります。就職活動において、マクロ経済学の知識に関してはほとんど需要がないので、それに時間という貴重な資源を使わず、少しでもたくさんインターネットでエントリー・シートを書いたり、小手先の面接テクニックに時間を使う方が経済的に合理的だからです。

ちょうど大学受験で日本史を勉強すると、縄文時代から勉強をはじめて、明治以降あたりで力尽きてしまい、社会に出ると重要なことをさっぱり知らない一方で、縄文時代に関してはやたら詳しくなるのと似ているのかもしれません。このように日本の経済学部の大学生は、経済学を4年間も勉強して、日本経済新聞に書いてあることですらチンプンカンプンでわからないわけです。

皮肉なことに、合理的な人間を想定して理論を組み立てるミクロ経済学のロジックで、経済学部の学生は経済がわからない、ということが説明できてしまいました。本当はこの辺の開放系の経済学を理解して経済ニュースを見ると、世の中の動きがすごくよくわかってきてとても面白いのに、もったいないですね。

そこで僕の運営するブログ「金融日記」で、ビジネスパーソンや経済に興味がある他学部の学生など、経済問題に興味を持っているさまざまな人に、いろいろと役に立つ経済の本を見つけては紹介していました。

また、最近の日本の政治にはみんなが落胆していると思いますが、日本は民主主義の国です。国会議員は我々が選んでいるのです。残念ながら、民主主義の国で、政治家のレベルというのは、国民のレベルでもあるのです。そして彼ら国会議員が、官僚を使って、いろいろな経済政策を考え実行していきます。ところが、どういう政策が我々を豊かにしてくれるのか、経済学の知識がないと判断できないのです。さらに困ったことに、経済学の結論は、我々人間の直感に反していることが多いのです。我々が自然に身につけている道徳心から経済政策を考えると、往々にして逆の結果になってしまうのです。

経済学を4年間も勉強した学生でさえほとんど経済がわかっていないのに、国民全員で選んだ政治家の経済運営のよし悪しを、国民はどのように判断すればいいのでしょうか？　これは大変憂うべきことです。そこで僕は、経済学をまったく勉強したことがない人に、今、日本や世界で話題になっている重要な経済問題を腹の底から理解してもらいたいと考え、この本を書きはじめました。残念ながら、既存の本には自信を持ってすすめられるものがなかったからです。

しかし、ビジネスマンや他学部の学生に「4年間ぐらい経済の勉強をしてください」というわけにはいきません。皆、忙しいのです。1冊で重要な経済問題を網羅できて、本質的なことを理解できて、かつ、やさしく読める本でなければいけません。そのためには、経済学の教科書に載っているけど、現実の世界では重要でないことをそぎ落とし、また現実の世界では重要だけれど教科書にはあまり載っていないことをていねいに説明する必要があります。また、専門用語を使わずに、直感的な説明を心がけました。

自分でいうのもなんですが、この非常にチャレンジングな目標はかなり達成できたのではないかと思っています。

「**第1章　マネーは踊り続ける**」では、世界同時金融危機や日本の原子力発電所のメルトダウンなど、最近の重要なトピックをさまざまな角度から考察します。じつは金融危機と原発事故には多くの類似点があるのです。マドフのネズミ講詐欺、ライブドアショック、村上ファンドのインサイダー事件など、世間を騒がせた経済事件についても説明します。あとの章で詳しく勉強する、日本の年金問題や雇用問題にもスポットライトをあてます。

「**第2章　小一時間でわかる経済学の基礎知識**」では、市場の役割、経済成長、GDPなどのマクロ経済データ、中央銀行の役割など、経済学の基本的な知識を勉強します。民間の銀行による信用創造など、むずかしいところは懇切丁寧に説明しました。

この辺がわかると、大体の経済ニュースがよく理解できて、会社の偉い人との雑談で「経済に詳しいスマートなやつ」という印象を与えることが可能になります。これによって会社での出世競争で相当有利になるでしょう。

「第3章　マクロ経済政策はなぜ死んだのか？」では、政府による財政政策や金融政策を勉強し、その問題点を探ります。ＧＤＰ比で２００％にも達する国の借金や、日銀の金融政策についても詳しく見ていきます。

ここまで勉強すると、政治家の経済政策や、有名な経済評論家の意見を、理路整然と批判することができます。周りの人はあなたのことを「経済通」とみなすようになるでしょう。

「第4章　グローバリゼーションで貧乏人は得をする」では、グローバリゼーションと国際経済学について学びます。最近のほとんどの重要な経済問題はグローバリゼーションと関係しています。自由貿易や為替の理論を詳しく解説します。世界同時金融危機で、なぜか日本が一番ひどい経済の落ち込みを経験した理由や、ヨーロッパのギリシャ問題、中国の人民元の問題などが理解できるようになります。

ここまで勉強したらあなたは立派な経済の専門知識を持っているといっていいでしょう。テレビで偉そうにしゃべっている経済評論家より、あなたの方がよっぽど物事をよく理解できていることでしょう。

「第5章　もう代案はありません」では、ここまでの知識をもとに政策提言をします。日本が再び復活して、経済を持ちなおすために必要なアジェンダです。日本に必要なことは、とにかく社会主義経済を脱して、ふつうに資本主義経済をすることです。国家が経済を統制しても、いいことは何もありません。民間の力を信じて、オープンな市場で大いにフェアな競争をすることが何よりも重要なのです。

ここまで資本主義経済を深く理解できたら、あなたは指導者としての資質をすでに体得できた、といっても過言ではないでしょう。

我々の住むこの世界を少しでもよくしていくのは、もちろん我々一人ひとりにかかっています。日本という国を少しでも豊かにするには、そこに住む人々が正しい知識を身につけて、優秀な政治家を選挙で選び、効率的な経済にしていくしかありません。それでは、いっしょに世界経済を勉強していきましょう。

日本人がグローバル資本主義を生き抜くための経済学入門——目次

第3章 マクロ経済政策はなぜ死んだのか？

第4章 グローバリゼーションで貧乏人は得をする

第5章 もう代案はありません

第1章

マネーは踊り続ける

You gotta dance. As long as the music plays.
Dance. Don't even think why.
Haruki Murakami, "Dance Dance Dance"

音楽が鳴っている間はとにかく踊り続けるんだ。
踊るんだ。なぜ踊るかなんて考えちゃいけない。
村上春樹『ダンス・ダンス・ダンス』

世界同時金融危機と福島原発事故の類似点

あの百年に一度といわれた2008年の世界同時金融危機と、2011年に起こった千年に一度の地震と津波により引き起こされた福島第一原子力発電所のメルトダウンには、驚くほど類似点があります。国策が背後にあったこと、政府と民間企業の狭間で事故が起こったこと、そしてお互いに独立していると思われた複数の安全装置がすべて同時に破綻したことです。

2008年の金融危機までアメリカ経済はマクロで見れば非常に好調でしたが、それでも低所得者層へはなかなか恩恵が回りませんでした。

そういった国民の不満を紛らわせる安易な方法として、アメリカの政治家は「国民全員にマイホームを」という政策をかかげました。金融危機の震源地になったファニーメイ（連邦住宅抵当金庫）やフレディマック（連邦住宅貸付抵当公社）などはアメリカ国民が住宅ローンをどんどん組めるようにするための半官半民の金融機関です。またFRB（Federal Reserve Board. アメリカの中央銀行）も少しでも景気が悪くなるとすぐに金利を下げてバブルを膨らませました。こういった政府の経済政策が大きな不動産バブルを生み出しました。

よくわかっていない評論家が「市場原理主義の暴走」などと簡単に片付けようとしますが、金融危機の芽はこのようなポピュリズムに堕す政治介入の連続から生まれているのです。

一方で、日本の原子力政策も国策です。化石燃料のほぼすべてを輸入に頼る日本が、エネルギー安全保障の観点から原子力を推進してきたこと自体は間違っていません。アメリカの政治家が国民全員にマイホームを持たせたい、と思ったことが間違いではないように。

しかし反核団体との不毛な係争を避けるため、「絶対安全」などという建前をかかげざるを得なくなっていました。建前が建前のうちはよかったのですが、いつの間にか建前が本音になってしまったようです。「絶対安全」の建前の下で官僚的で硬直的な許認可制度や監視機関が作られ、本来なら当然の安全対策が疎かになってしまいました。

いったんプラントの設計図が認可されると、その通りに作ることが至上命題となります。実際に作っている時にいろいろ気がつく改善点も多いのですが、間違いを起こさないことが建前の官僚組織に設計変更の申請をするのは困難です。

また絶対に安全という建前があるので、原子力事故に対する保険制度も貧弱なままでした。地元住民の避難訓練や、全電源喪失時のシミュレーションなど、実践的な安全対策もしっかりと行なわれませんでした。そして政治的コストを避けるために、いったん原発を受け入れた自治体に、多数の原発を隣接させてリスクを集中させてしまったのです。

アメリカの不動産バブルのまっただ中、世界の金融機関は膨大な住宅ローンを使ってさまざまな金融商品を生み出しました。特にサブプライム・ローンが後に大きな問題になります。サブプライム・ローンとはアメリカの優良顧客（プライム層）ではない、サブプライム層（プライム層の下）のための住宅ローンです。普通のローンの審査を通すのはちょいとばかりきびしいアメリカの低所得者向けの住宅ローンのことです。信用がないから金利はちょいとばかり高めです。要するに、サブプライム・ローンとは金利の高い住宅ローンのことです。

住宅ローンだから、どこかの金融機関からお金を借りて家を買って、それから借りた人が汗水たらして働きながら借金をその金融機関に毎月少しずつ返すわけです。住宅ローンを貸している金融機関は、住宅ローンを借りている庶民から毎月支払われる将来のキャッシュフローを受け取る債券を持っていると考えることができます。

ここで金融工学の出番です。こういう住宅ローンをひとまとめにして、将来のキャッシュフロー（つまり庶民からの借金返済）を受け取れる金融商品をつくり、格付け機関から見栄えのする格付けをもらって、きれいにパッケージして「なんとか債」みたいなものをいろいろと作るわけです。膨大な数の住宅ローンを自由自在に組み合わせて、いろいろな満期や利回りの商品が次々に作られました。こういう技術を「証券化」と呼び、このような金融商品を債務担保証券（Collateralized Debt Obligation, CDO）といいます。

この住宅ローンを束ねて作ったCDOは一見すると利回りがよかったので、世界中でたくさん売れました。また、たとえばカリフォルニアとテキサスとフロリダの住宅ローンを組み合わせると、すべての地域で同時にローンを踏み倒される確率は理論的には非常に小さくなるので、これらのC

DOは格付け会社からトリプルAのような非常に高い格付けを得ていました。
こういった金融商品は、世界各国の年金基金や富裕層の資産を運用するヘッジファンドなどが購入していました。年金基金のような保守的な組織のファンドマネジャーは非常にサラリーマン的で、強欲に収益を求めるというよりは、社内の細かい規則を守ることや損失を出したときの正当な言い訳の準備を何より重視します。そんなサラリーマンのファンドマネジャーがトリプルAの格付けがついたこのような金融商品を機械的に買い集めたのです。政府に認可された原子炉を絶対安全だと思う電力会社のようです。
そしてどういうわけか商品を作って売っていた投資銀行も自分でいっぱい抱えていました。

このようにCDOを通して、世界中のうなるような大金がアメリカの庶民が家を買うために貸し出されたのです。これでバブルが膨らまないわけはありません。そして当時は、こういう金融商品を開発していたウォール街のエリートたちは、最先端の金融工学を駆使することによりアメリカ国民に家を持たせてあげているという非常に社会的意義のある仕事をしていると誇りに思っていたのです。ちょうど日本の原子力行政に関わるエリートたちが、夢のクリーン・エネルギーで日本国民を豊かにしていると信じていたように。

しかしいくつかの前提が崩れて、これらの金融商品は「いっせいに」大暴落をはじめます。住宅ローンというのは、しっかりと返す個人もいれば踏み倒す個人もいますが、彼らはそれぞれ個別の事情で行き詰まるので、お互いに大きな相関はないと思われていました。またカリフォルニアとテキサスとフロリダの住宅事情もそれぞれ別々な要因で動くと想定されていました。だから、大量の住宅ローンを束ねれば、分散効果によりすべてが同時に破綻する確率はほとんどありえないものになる、はずでした。

住宅バブルは「国民全員にマイホームを」という国策でしたし、そこに投資銀行が複雑な金融商品を使って世界中からお金を流し込んでいました。このように住宅バブルの背後には、政府の住宅政策と複雑な金融商品の爆発的な普及という共通するファクターがあったので、そこがおかしくなれば不動産市場全体がいっせいに暴落する可能性は想定よりはるかに高かったのです。

複数の予備電源、独立した防災システムがすべて同時に停止する可能性はほとんどゼロと考えられていた福島第一原子力発電所が、想定外の津波というシングル・ファクターでいっせいに破壊され、集中立地された原発が次から次へと連鎖爆発してしまったことと、非常によく似ています。

また、金融危機後に大手金融機関に批判が集中したことと、原発事故でもやはり東京電力という民間企業に批判が集中したことも似ています。しかし金融危機も原発事故も、その背後に政府が深く関わっていたことを忘れてはいけません。

金融危機では市場経済というシステムそのものにも批判が起こりました。当時主流だった「官から民へ」「規制緩和して自由競争へ」といった考え方が多くの評論家に否定されました。しかし金融危機でもっとも多額の公的資金をつぎ込まざるを得なくなったのは、ＡＩＧという金融機関の中

図表1-1　CDSのしくみ

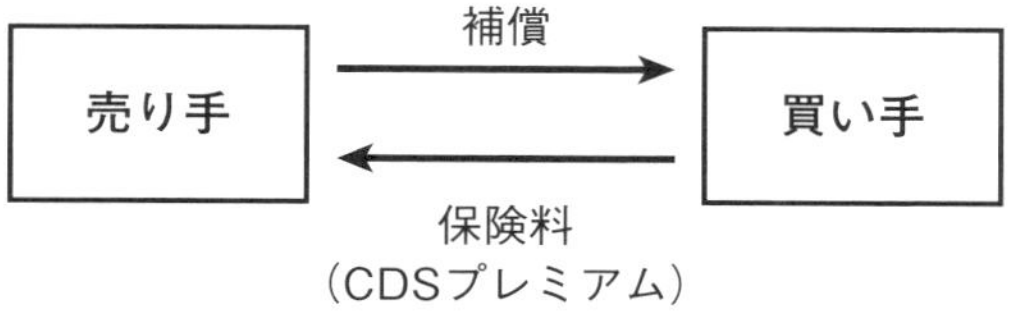

でもとりわけ厳しく規制されている保険会社でした。

　ＡＩＧはサブプライム・ローンなどが組み込まれた金融商品の保険を売っていました。保険対象の金融商品が破綻したときに、その損失を保証していたのです。こういった保険はＣＤＳ（Credit Default Swap）と呼ばれていました。破綻しなかった場合に毎年元本の１％や２％程度の保険料（ＣＤＳプレミアム）を受け取ります。しかし破綻した場合はその分の損失を補填します。たとえば元本の80％が返ってこないとなると、保険料を受け取っていた側はその分を全額補償しないといけません。保険をかけて万が一のデフォルトに備える方をＣＤＳの買い手、逆にデフォルトを保証して保険料を受け取る方をＣＤＳの売り手といいます。

　ＡＩＧはこのような契約を、大勢の金融機関と結んでいました。不動産価格が上がり続けていたころは、ＡＩＧは多額の保険料を受け取り大儲けしていました。しかしいったん歯車が逆に回り始めると、一気に破綻してしまったのです。するとＡＩＧからの補償を得られなくなる他の金融機関もいっせいに連鎖破綻してしまいます。そこでアメリカ政府は公的資金を注入して、ＡＩＧを救済するという苦渋の選択を迫られることになりました。公的資金注入とは、具体的には税金でＡＩＧにお金を貸したり、ＡＩＧの株式を買い取って政府が自らＡＩＧの株主になることです。

アメリカ政府が自ら主導した、アメリカ国民が家を買うためにお金を借りやすくするという国策が、最終的にはこのような結果になってしまったのです。

一方でもっとも規制されていない金融市場のプレイヤーはヘッジファンドでした。ヘッジファンドは少数の富裕層から資金を集めて世界中の金融市場で運用しています。出資者の人数などを制限することにより、多くの規制や報告義務が免除され、さまざまな金融商品に自由に投資できます。

金融危機の中、誤った方向に賭けた多くのヘッジファンドが破綻しました。しかしＡＩＧのように連鎖破綻のリスクを引き起こしたものはひとつもなく、富裕層が自らの責任で投資した資金とともに静かに消えていったのです。また暴落した金融商品を、割安だと考えて底値で買いはじめたのもヘッジファンドでした。もちろん住宅バブルの崩壊に賭けて巨万の富を築いたヘッジファンドもあります。

ＣＤＳというのは、金融商品の元本を保護する保険です。毎年いくらかの保険料を支払って万が一の破綻にそなえるものですが、逆に破綻に賭けると考えればどうでしょうか？　毎年の保険料が1％で、たとえば1年後に保険対象の１００万円の金融商品が紙くずになるとすれば、この保険を買えばわずか1年で1万円が１００万円、つまり１００倍になります。この取引のキモは、保険対象を持たずに保険だけを買うということです。他人の家の火災保険を買って、火事になることを祈るような賭けです。

一部のヘッジファンドは不動産バブルが崩壊し、そして住宅ローンにより組成されたＣＤＯが破綻するると予想しており、ＣＤＯのＣＤＳを使って巨万の富を得たのです。ヘッジファンド・マネジャーのジョン・ポールソンは1年足らずの間に1兆円以上の金を個人で稼ぎました。これは人類史上最大のボロ儲けです。

金融危機の詳細をよく見ると「自由放任主義によりアメリカの金融機関が暴走して危機を起こした」などという簡単な解釈はまったく正確ではないことがわかります。ましてやより規制を厳しくしたり、民間がやる業務を政府に移せば問題が解決するようなものでもないでしょう。金融危機にしても原発事故にしても、民間だけでなく政府の方にも問題があったのです。

史上最大、マドフの6兆円詐欺とは

日本ではあまり報道されませんでしたが、人類史上最大の金融詐欺事件がアメリカで起こりました。バーナード・マドフ事件です。被害総額６５０億ドル（6兆円）という、とんでもない規模の詐欺が白昼堂々と25年間も続いていました。

あの映画監督のスティーブン・スピルバーグやケヴィン・ベーコンといったハリウッド・スター、ニューヨーク・メッツのオーナーのフレッド・ウィルポン、ゼネラル・モータースの金融サービス部門の会長であるエズラ・マーキンなど、ありとあらゆる分野の世界の富豪が被害にあいました。

しかしその手口はおどろくほど単純だったのです。古典的なポンジ・スキーム（ネズミ講）です。

マドフは非常に知的で魅力にあふれた人物でした。あのNASDAQ市場の創業メンバーで、実際にNASDAQの会長にまで上り詰めていました。またマドフ証券という証券会社の創業者でもあり、まったくもって詐欺などする必要のなかった成功者でした。しかし彼の個人的に運用する「マドフ投資の会」を通して、人類史上最大のネズミ講が営々と営まれていたのです。

そのしくみはこうです。「マドフ投資の会」で投資家から資金を集めます。たとえば100億円集めたとしましょう。マドフはこの元金を取り崩しながら毎年10％ほどを配当として投資家に還元していました。投資の成功からの報酬として、です。まったく投資などしなくても、10％の配当なら10年間は投資のリターンをごまかせます。10年後はそこにあると思っていた元金がなくなってしまっているのですが。

これは典型的なネズミ講です。ネズミ講は新規の投資家が現れ続ける限り破綻しません。しかし破綻しないために必要な新しい顧客の数は指数関数的に増加していくので、いずれかの時点で必ず破綻します。

マドフは、実際に着実にリターンを上げていた（元本を取り崩しているだけですが）ように見えたので、次から次へと新規投資が舞い込みました。マドフは決して自分から投資を求めませんでした。評判を聞きつけてどうしても投資したいという顧客を、むしろ断ったりしていました。選ばれた人間しか投資できないマドフのファンドは、ますます魅力を増していったのです。実際に資金が豊富にあったので、マドフは数千億円規模の投資家の払い戻しにも安々と応じていました。これがますますマドフの信用を高めました。

最初に書いた、被害総額650億ドルというのは、ネズミ講が発覚した時に、投資家がそこにあると思い込んでいたお金の総額です。もちろんそのほとんどはすでになくなっていました。しかしこのネズミ講は、実際に儲けた投資家もたくさんいたのです。

たとえば10％の配当を10年間受け取り、10年後に解約すれば元本が2倍になって投資家に返ってくるのです。ネズミ講というのは、それがネズミ講だと人々が気づくまで、誰もが儲かっていると錯覚できるしくみなのです。その破綻の瞬間までに資金を引き上げれば丸儲けです。破綻した時にタップリとお金を入れていた投資家が大損するのです。ネズミ講とは、このように最初に参加して破綻の前に退出する投資家が、後からやってくる投資家のお金をむしり取るゲームなのです。

25年間も新規投資をかき集め続けたマドフのネズミ講ですが、とうとう運命の時がやってきます。リーマン・ブラザースの破綻でクライマックスを迎えた世界同時金融危機です。この時さまざまな金融機関が資金繰りに困り、一気に資金を引き上げる必要がありました。マドフはとうとう投資資金の返還に応じられなくなってしまったのです。

この時、マドフのファンドは、大手金融機関と取り引きのある複数の投資会社からも多額の資金を集めていました。マドフが逮捕され、これらの投資会社も一気に破綻しました。そしてそういった投資会社に融資していたフォルティス、HSBC、RBS、BNPパリバ、野村證券などの世界の錚々たる投資銀行が数百億円から数千億円の損失を出してしまいました。

このような単純なしくみを25年間も見つけられず、これほど国際的な規模の被害を出してしまったことに対して、アメリカの証券取引委員会（ＳＥＣ）の権威は失墜しました。

逮捕された当時72歳だったマドフには懲役１５０年が言い渡されました。マドフのビジネス・パートナーだったティエリはすぐに手首を切って自殺しました。そしてマドフの逮捕からちょうど２年目の日、息子のマークも首を吊り自殺しました。

今のところ、犯行はすべてマドフが行ない、家族も含めてこのネズミ講については一切知らされていなかったことになっています。マドフや彼のビジネス・パートナー、彼の家族は、世界中に大豪邸の別荘を持ち、プライベート・ジェットを保有し、高価な美術品を買い集めていました。権威あるマドフのファンドは大金持ちからしかお金を受け付けなかったのですが、ネズミ講が弾ける前に身を引いた投資家、早い段階で投資し十分な配当を受け取った投資家は大儲けしたわけです。後から参加した投資家はほとんどすべてのお金を失いました。

ところで、マドフ投資の会とそっくりなしくみがありましたね。確か、日本という国で、それは「年金」と呼ばれていたような気がします……。

日本の公的年金はマドフ事件と同じポンジ・スキーム？

さまざまな識者が日本の公的年金は破綻していると報じています。5000万件にも及ぶ年金の不明記録が見つかったり、社会保険庁の職員による横領が発覚したりと、公的年金に関して多数のスキャンダルが噴出しました。そこで、この年金の立て直しは、極めて重要な政治課題になっています。

日本の公的年金は賦課《ふか》方式といって、働いて税金や社会保険料を納めている現役世代が、引退した老人に年金としてお金を渡すしくみです。要するに、働いている現役世代が、働いていないお年寄りに仕送りしているのと同じことです。

今後、少子高齢化が進んでいき、支える側の労働者に対して、年金をもらう側のお年寄りの数がどんどん増えていきます。現在では3人弱の現役世代で1人の年金受給者を支えていますが、これが2020年には2人で1人を支えるようになります。よって、年金の原資を払う人の負担が急速に増えていって、年金を貰う人の給付もどんどん減らざるを得ないと予測されます。マスコミが「年金崩壊」と騒いでいるのはこのことです。そこで2009年8月の衆議院選挙で大勝して与党になった民主党政権は、公的年金の抜本的改革を公約していました。

図表1-2 | 社会保障費の推移

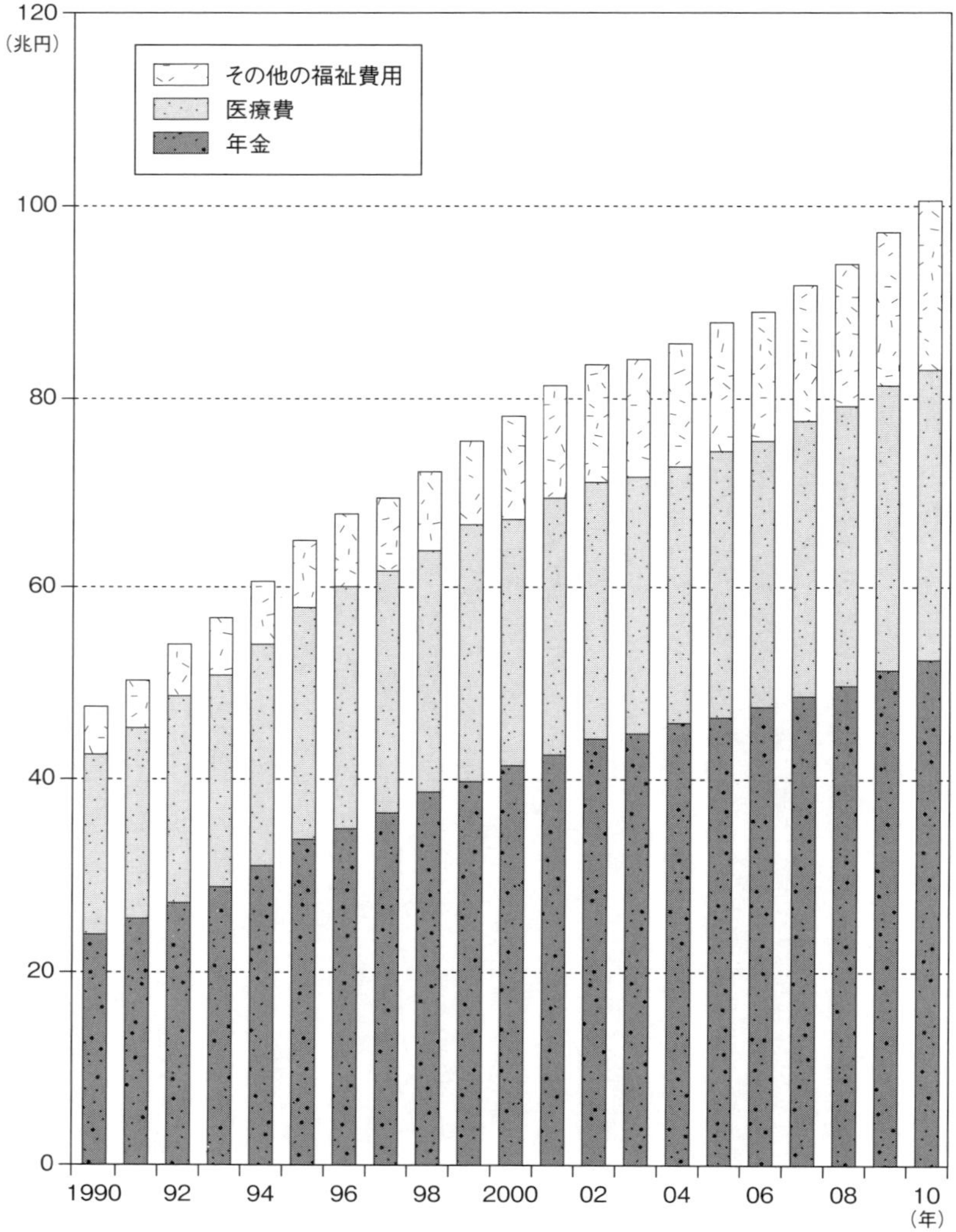

出所：国立社会保障・人口問題研究所の資料より著者作成

ちょっと考えればわかる話ですが、制度をどんなに洗練された素晴らしいものにしたところで、負担が増えて給付が減ることは絶対変えられません。どこかで稼いだお金を引退した老人に配るのが年金だと考えると、これからは稼ぐ人の人数がどんどん減って、もらう人の人数がどんどん増えるのだから、どこをどうひねっても負担増、給付減は変わらないのです。お金はどこかから泉のように湧き出してはこないのです。

もちろん、現在の賦課方式は大きな問題もありますし、保険料の集め方や年金の配り方、そして年金記録の管理も大きく改善しなければいけないことは明らかです。また、社会保険庁職員による横領事件のような犯罪は言語道断です。

しかし社会保険庁の社員がちょっとばかり万引きした年金を取り戻せば日本の公的年金がよくなるかといったら、そんなことはまったくありません。横領事件は大変な問題だとは思いますが、それこそ毎年50兆円もあり、さらに増え続けている年金給付の規模からみると、そんなネコババされたお金など太平洋に落とした目薬ぐらいなものなのです。

現在の日本の社会保障費の合計はなんと100兆円を超えています。日本のGDPが500兆円程度なので、なんとその5分の1です。年金が約50兆円、医療費が約30兆円、そしてその他の福祉費用が約20兆円です。高齢化に伴いこの社会保障費は毎年3兆円以上が自然に増えていきます。要するに日本の社会保障制度はすでに詰んでいて、あとはいつ破綻するかの問題なのです。

破綻を避けるには大増税をするしかありません。しかし困ったことに政治家は誰もこの問題に真正面から取り組んでいません。給付を減らすとか、税金を増やすとか、きびしいことはできればいたくありませんからね。

ホリエモンの有罪判決がもたらしたもの

２０１１年5月、最高裁が上告棄却したことにより、ライブドア元社長の堀江貴文氏の実刑判決が確定しました。経済犯罪としては、懲役2年6ヶ月の実刑という異例の重い量刑となりました。この事件では、ライブドアが間接的に所有するファンドが、ライブドア株の売却でたまたま得た利益を売上に計上したことが、粉飾決算とされました。東京地検特捜部の主張は、これは資本取引であって、売上に計上して損益計算書をよく見せたのは粉飾決算だというものです。

なぜ継続性に何の問題もなかった生きた上場企業に、東京地検特捜部があのような形で強制捜査に踏み切り、過去の粉飾決算での量刑相場からは考えられないような重い判決が、堀江貴文氏をはじめとしたライブドアの元経営陣にくだされなければいけなかったのでしょうか。

当時、ライブドアは株式交換による企業買収を盛んに行なっていました。株式交換とは、会社を買うのに現金ではなく、自社株と買収される会社の株を交換することです。ライブドアのように株価がどんどん上がっている企業では、現金を用意しなくても、自社株を発行して会社を買収できる

図表1-3 株式交換による企業買収

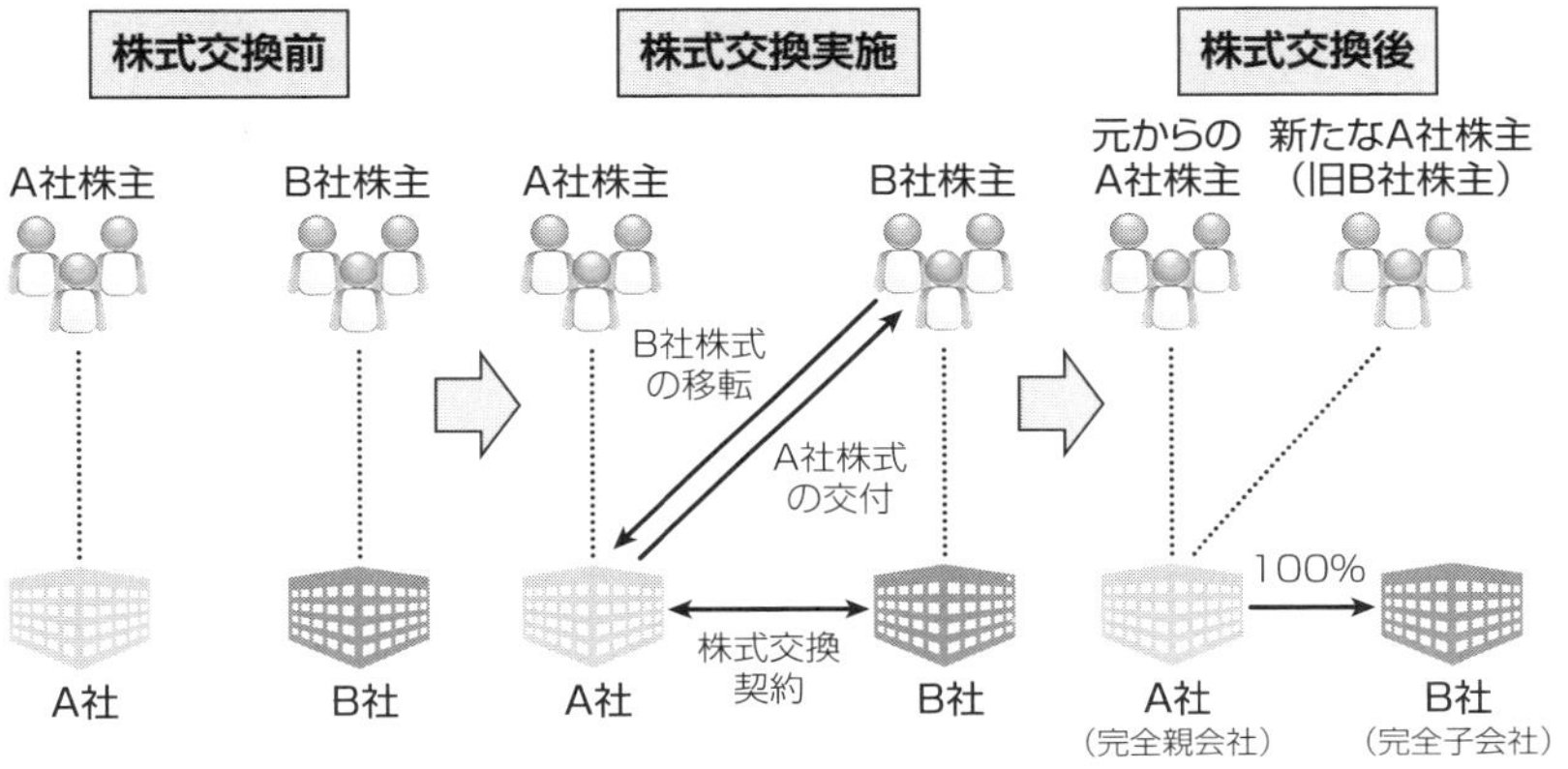

いい方法です。堀江氏は当時「自分でお金を刷るようなもの」と言っていました。もちろん株式交換によるM&Aはとても一般的な方法で、当然ですが何の違法性もありません。

2003年8月、ライブドア傘下のファンドが、買収する企業のオーナーに対価として株式交換で渡したライブドア株を、すぐに現金化したかったオーナーから買い戻しました。2003年12月、このファンドは、このように買い戻した自社株を市場でうまく高値で売り抜けて、40億円ほど儲けたのです。これを2004年9月期の売上として計上しました。ここで行なわれたひとつひとつの取り引きは合法です。そして2006年1月に東京地検特捜部による大々的な強制捜査が行なわれました。

関係の深いファンドを通してインサイダー取引が疑われやすい非常にデリケートな自社株の売買をこのようにトリッキーなスキームで行なっていたというのは、

図表1-4 東証マザーズ株価指数の推移

出所：東京証券取引所のウェブ・サイトより著者作成

証券取引等監視委員会から何らかの調査の対象になっても不思議ではないですし、金融庁から行政処分の対象となってもおかしくなかったかもしれません。

しかしいきなりの強制捜査で、経営陣を実刑判決にして刑務所に送り込むというのは、極めて異例でした。さらに罪状は自社株のインサイダー取引でも何でもなく、単に自社株の売買でたまたま儲けた金額を帳簿のどこに書くべきだったか、という会計上のテクニカルなことについてだったのです。

カネボウや日興コーディアルなどの過去の悪質な粉飾決算では、ありもしない利益を計上して、銀行を騙して資金を融資させていました。しかしライブドアの粉飾決算は、少なくともそのお金は実際に儲けていたのであって、それを帳簿のどこに書くかの問題だったのです。その点で、通常の粉飾決算とは大きく異なっています。やはり最初に捕まえる人を決めて、それから捕まえるための違法行為がないかどうかを調べ続けた、というのが実際のところではないでしょうか。

ライブドア事件の違法性は別にして、ベンチャー企業の成功のシンボルであった堀江氏がこのような形で逮捕されたことで、その後、日本のベンチャー企業に投資する人も、ベンチャーを起ち上げる人も、ベンチャー企業に就職しようという学生も大きく減りました。ベンチャー企業のための公開市場として創設された東証マザーズ市場の株価指数は、ずっと低迷を続けています。

そして、学生は誰もが安定した大企業や公務員を目指すようになりました。公務員はもちろんですが、日本の大企業も正社員は実質的に解雇されることがなく、非常に安定しているからです。

正社員と非正規社員は日本の身分制度か？

日本は世界の中でかなり解雇規制がきびしい国です。かなり明確な不正行為でもなければ正社員のクビを切れません。日本では「整理解雇の4要件」というのが過去の判例から決まっていて、これをすべて満たす場合でないと正社員を解雇できないからです。さて、これが実際の整理解雇の4

要件です。

1. 経営上の必要性がある
2. 解雇を避けるために努力をした
3. 人選が妥当である
4. 従業員に十分に説明している

まず、1の経営上の必要性ですが、これは要するに社員のクビを切らないと会社がつぶれてしまうというほど経営がひっ迫していることです。しょっぱなからめちゃくちゃハードルが高いです。ぶっちゃけた話、優良企業はよほどの背任行為でもない限り正社員のクビを切れないということです。

2の解雇を避けるための努力とは、新規採用をやめたり、パートや契約社員を整理したりして、従業員の解雇をなるべく避けたかということです。びっくりするかもしれませんが、日本の裁判所は、新卒を採用しないことや非正規社員を解雇することを積極的に奨励しているのです。こうやって若者に仕事を与えず、非正規社員を全部クビにして、それからようやく正社員をクビにできるというわけです。

3は合理的にクビになる人を選んでいるかということです。まあ、これはいいでしょう。そして、4ですけれど、これはクビにする従業員にいかに会社が大変な状況かを誠心誠意しっかりと説明しているかということです。いきなりクビを切るのはダメで、じっくりと社員に納得してもらうために努力しないといけません。

つまり、会社がつぶれる寸前じゃなければ、普通に働いている正社員を決してクビにはできないということです。たとえば、あまり仕事のできない正社員を会社がクビにするとします。それでその正社員が弁護士に相談して裁判に訴えるとどうなるのでしょうか?

裁判所はまず、この解雇が不当なものでないか審査する間に、この社員が生活に困るといけないので、会社にとりあえず給与程度の金額を毎月支払うことを命じます。「とりあえず」といいますが、これは極めて重大な強制力です。会社はクビにしてまったく働いていない人にもずっと給料を払い続けなければいけないのです。そして、この裁判はちんたらちんたらと進むのです。数ヶ月から、時には数年つづくこともあります。その間は丸々給料を払わないといけないのです。

このように、実際には仕事ができない程度ではまったくクビにできないことがわかりますし、もし、裁判になったら会社側は非常に大きな損失を被ることがわかるでしょう。日本の司法は強欲な資本家からか弱い労働者を守るようにできているのです。その結果、実際には大企業の正社員が、非正規社員を搾取するしくみになってしまっているのは、皮肉なものです。

ところで、外資系の金融機関は日本でもかなりのリストラを行なっていると新聞などで報道されています。そこで、一部の外資系の会社はどうやって社員を解雇しているのかと疑問に思った人も多いでしょう。

もちろん、外資系の会社でも日本では日本の法律が適用されます。答えは、形式的にはほとんど誰も「クビ」になっていない、です。会社から、自分の意思で自発的に辞めるようにいわれるのです。ここで辞めないといってもいいのですが、かなりの金額が積まれて、もし、辞めてくれたら正規の退職金にプラスして、これだけ払いますよと説得するのです。

外資系の会社でリストラされた人が、ニコニコして結構楽しそうに1年ぐらい海外旅行に出かけたりするのは、この割増し退職金のためです。業界用語でパッケージと呼びます。たとえば、基本給が1500万円の人をクビにするのは、会社としては半年分の750万円ぐらいでサインしてもらえたらラッキーで、こじれにこじれて裁判になっても2年分の3000万円ぐらいで和解できるだろうと考えているのです。大きな金融機関だと3000万円のコストなんて米粒みたいなものです。

このように日本では正社員というのは法律でものすごく保護されています。裁判所は、正社員をクビにするための必要条件として、非正規社員を最初にクビにすることまであげています。これではまるで正社員が上で、非正規社員が下という、日本の新しい身分制度です。歴史の教科書で習ったように、江戸時代には士農工商という身分制度がありました。日本人というのは現代でも身分制社会が大好きなのかもしれませんね。

村上世彰氏の有罪判決が示した日本の資本主義の未熟さ

2011年6月、物言う株主として知られた村上ファンドの元代表、村上世彰氏の有罪が、最高裁への上告が棄却されたことから確定しました。ホリエモンと違い執行猶予が付いたので牢屋に入ることは免れましたが、約11億円と過去最高の追徴金、そして投資業から永久的に追放されてしまったことなど、やはり極めて重い罪が下されました。

僕は、日本経済の再生には村上氏のような「アクティビスト」の活躍が必要不可欠と考えているので、この事件はその違法性や東京地検特捜部の強制捜査の正当性は別にして、残念に思っています。

アクティビストとは、潜在的な企業価値を実現できていない企業の株式を買い付け、株主総会で独自の議案を提出したり、役員を送り込んだりして経営改革を迫り、本来の企業価値を引き上げ、その過程で株価の上昇から利益を得ることを目的とする投資家のことです。いわゆる「物言う株主」です。

村上氏は、無用な土地や株などの資産を多く抱えているけど、経営戦略がパッとせずに株価が低迷している会社を見つけ出すのが上手でした。そして着実にパフォーマンスを上げていたので、多額の投資資金を集めていました。

当時、ニッポン放送はフジテレビの筆頭株主であり、親会社だったのですが、フジテレビの時価総額を大きく下回る親子逆転状態が続いていました。そこに村上氏は以前から目をつけていて、ニッポン放送株を買い進め筆頭株主になっていました。

その後、2005年2月に、ニッポン放送買収を通してのフジテレビの経営権取得を狙ったホリエモン率いるライブドアが、東証の時間外取引システム（ToSTNeT）を使い発行済株式数の29・5％を電光石火の如く取得し、ライブドアがニッポン放送の筆頭株主になりました。フジテレビも買収を阻止しようとニッポン放送株にTOBをかけており、ライブドアとの壮絶なニッポン放送の買収合戦が繰り広げられました。

このように株価が釣り上がったニッポン放送株をまんまと高値で売り抜けて30億円もの利益を上げたのが、村上ファンドの村上氏だったのです。なんとも抜け目のない見事なトレードでした。

しかし村上氏はインサイダー取引の疑いで、東京地検特捜部に逮捕されてしまいます。堀江氏をはじめ、ライブドア幹部とミーティングした際に、ライブドアによるニッポン放送買収の決定を事前に知り、そのインサイダー情報を使って株式を先回り買いしたとされました。そこで裁判では、ライブドア幹部との会話では企業買収のような重要な決定事項を本当に知らされたのかどうか、またそれは実現可能性が高いものだったかどうかが争われました。

確かにこれはインサイダー取引の可能性もありますが、会社経営者が将来のM＆Aの計画などを漠然と話すようなことはよくあり、極端に取り締まればファンド・マネジャーは経営者と口を聞くこともできなくなってしまいます。株式会社とは株主のものであり経営者は株主の利益のために働く、という株式会社本来のガバナンスが働かなくなるでしょう。

やはりインサイダー取引の取り締まりは、明確な証拠に基づき極めて慎重に行なわなければ市場をひどく萎縮させてしまうのです。

その後の裁判の結果は、僕には非常に危惧するものでした。東京地裁では、この種の経済犯罪としては異例の実刑判決が下されましたが、その時の判決文は世界を驚かせました。「被告人は『ファンドなのだから、安ければ買うし、高ければ売るのは当たり前』と言うが、このような徹底した利益至上主義には慄然とせざるを得ない」と裁判官は堂々と述べたのですが、これには世界中のファンド関係者が慄然としました。なぜならファンド・マネジャーとは顧客の利益のために合法的に1円でも多く稼ぐことが最大のモラルであるし、安く買って高く売るのは資本主義のもっとも基本的なルールです。日本は資本主義が通用しない国だということを強く世界に印象づけてしまいました。

さすがに東京高裁では実刑は取り消され、執行猶予がつきました。そして最高裁の上告棄却の理由ですが、村上氏が主張していたニッポン放送株買収計画の実現可能性が低かったという主張に対して「TOB（株式公開買い付け）などを会社の業務として行なう旨の決定があれば足り、買い付けが実現する可能性が具体的に認められる必要はない」とされました。

僕はこれはかなり危険な判例だと思います。企業の経営者が株主や利害関係者に、それが実現できるかどうかは別にして、自らの「思い」を語るようなことはよくありますが、それらもすべてインサイダー情報にされてしまっては、投資家は会社の経営陣とほとんどコミュニケーションが取れなくなってしまいます。ましてやアクティビストのように経営陣と積極的に関わるような投資形態は極めて法的リスクの高いものになってしまうでしょう。

かつて堀江氏が言っていたように、やはり日本の法律とは解釈次第で誰でも罪人にできてしまい、日本の権力層に都合の悪い人間が出てくると簡単に刑務所に送られてしまう、ということなのかもしれません。

そして、いつの間にか日本のマスコミのために、認定放送持株会社という制度が作られていました。この持株会社になると、株主は3分の1以上の株式は保有できなくなります。フジテレビとTBSが認定放送持株会社に移行しました。すべての株主が3分の1以上保有できないので、経営者にとっては完全な買収防衛策です。

市場経済において、会社の業績を決めるのは会社の顧客です。顧客を喜ばすことができない会社は淘汰されていくのです。

会社の業務を回すために従業員が経営者に雇われます。顧客を十分に喜ばすことができない従業員はクビになるし、顧客を喜ばし利益に貢献できる従業員はより高い報酬を受け取り、より高い地位に就きます。従業員をうまく使い、顧客に喜ばれるような会社にすることができなかったら、経営者は危うい立場に追いやられます。そのような経営者を市場は常に監視しており、業績の悪化に対して株価は下落します。会社は株主のものであり、株主は無能な経営陣を抱えていたら株価が下がって大損するので、常に経営陣にプレッシャーをかけ、ダメなら交代させます。そして株主は市場から容赦なく審判を下されます。

この一連の相互監視のしくみこそ、資本主義社会の支柱なのです。このように緊張感のあるガバナンスにより、社会の貴重な資源が社会が発展するために正しく配分されていくのです。そして経済成長が実現します。そのように経済的な豊かさを手に入れた社会だけが、弱者をいたわる余裕を持ち得るのでしょう。

確かに資本主義社会、市場経済の中では常に競争を強いられ大変ではありますが、これは決して弱肉強食の世界ではありません。なぜならば市場での自由競争というのは、他者をいかに喜ばせることができるか、という競争だからです。

ところが日本では、いったんエスタブリッシュメントの側の高い地位に就くと、この相互監視から特権的に逃れることができるようなのです。まさに特権階級です。そして司法も行政も、日本の大企業が次々に導入する買収防衛策や株式の持ち合いを容認し、時に自らも積極的にそのインナーサークルに取り込まれていきました。そして日本の株式市場は、重要な機能を徐々に失っていったのです。このように新陳代謝しなくなった日本の株式市場は非常に魅力の乏しいものとなりました。

現在の日本の株式市場は、ライブドアや村上ファンドが活躍していた時のような活気はまったくなくなり、株価が低迷し、日々出来高が細っていっています。東京で活躍していたファンドは多くが閉鎖され、生き残った日本人のファンド・マネジャーの多くが香港やシンガポールに移住し、細々と日本市場に投資しています。

当時はライブドアなど若くして大きな富を得る者に対する反感というものが社会の中にあったのかもしれません。検察という国家権力は、そういったニュー・リッチをひどく罰しました。少なくない日本人が溜飲が下がる思いをしたはずです。その後、過剰コンプライアンスが日本中の企業に広がり、日本のビジネス環境は萎縮していきました。そして気がついたら、日本に残ったのはどうしようもない閉塞感だけだったのです。

常に競争を強いられる資本主義経済は決して居心地のいいものではありませんし、そこには必然的に勝者と敗者が生まれます。原子力発電所が時にメルトダウンするように、資本主義経済は金融危機も起こしてしまいます。それでも資本主義経済以外に、多くの人々を幸せにできるシステムを人類は知りません。資本主義経済は、これらの欠点を補ってあまりある豊かさを我々にもたらしました。そして、資本主義経済をよりうまく使いこなすために、我々はそのしくみをよく理解する必要があるのです。

第2章

小一時間でわかる経済学の基礎知識

It is not the strongest of the species that survive,
nor the most intelligent but the ones most responsive to change.
Charles Darwin

一番強いものが生き残るわけではない。一番賢いものが生き残るわけでもない。
変化に適応できるものが生き残るのだ。
チャールズ・ダーウィン

経済学の一番の目的は、貴重な資源を最適配分して社会を豊かにすること

経済学というのはどういう学問だと思いますか？　よくエコノミストの予想はぜんぜん当たらないと馬鹿にする人がいますが、経済学とはそもそも株価や為替の予想をするための学問ではありません。しかし経済学はそういった予想にもひとつの答えを用意しています。

たとえばトヨタ自動車の株価を考えましょう。株式市場は多数のプロがシノギを削るところです。株価とは、こんなダメな株がこんなに高かったら儲かるわけないからはやく売りぬけようと思っているプロと、こんなピカピカの株がこんなに安かったらはやく買わないとどんどん株価が上がっちゃうと思っているプロのふたりが同じ値段で売買する時に決まるわけです。

ふたりともプロです。そんなプロ達がこの値段だったら高い、あるいは安いというギリギリのところで株価が決まります。つまり、プロでも上がるか下がるか真っ二つに意見が分かれる絶妙なところで株価が刻一刻と決まっていくわけです。

株式に限らず、外国為替や国債などのあらゆる金融商品の市場では、多数のプロがこのように競い合っていますから、上がるか下がるかわからない絶妙な価格で常に取り引きされるのです。

要するにプロが競争をする自由な市場では、将来の株価や為替が上がるか下がるかを正確に予想するのは不可能なのです。これが経済学から導き出される結論です。だから、証券会社のエコノミ

ストの株価や為替の予想がぜんぜん当たらないのは、それこそ経済学の予想通りなのです。

そもそも将来の株価や為替を正確に予想できたら、誰も証券会社のエコノミストなんていうしょうもないサラリーマンを続けるわけがないじゃないですか。自分でトレーディングしてお金持ちになりますよ。なぜ多くの人はこんな5歳の子供でもわかるような簡単なことがわからないのでしょうか?

ところで、今、大変重要なことがひとつ明らかになりました。プロが激しく競争する自由な市場では、安すぎもせず高すぎもしないところでモノの価格が決まるということです。

このように需要と供給を価格というひとつのパラメータでバランスさせるマーケット・メカニズムが経済学のもっとも重要なポイントで、こうやって決まった価格はじつは社会的にものすごく重要な意味を持ちます。

たとえば先ほどの株式市場の例で考えると、プロ同士が激しく競争するので、将来の売上が伸びそうな会社、つまり人々に必要なモノやサービスをうまく供給できる会社が正しく評価され高い株価がつき、逆に時代に取り残されて消費者に必要ないモノばかり作っている会社の株価は安くなるのです。その結果、消費者に必要な会社ほど高い株価で大きな資金を調達できる一方で、消費者に必要とされていない会社は株価が低迷して資金調達もままならなくなり、やがて市場から退場させられます。

要するに株式市場の自由な競争により人々に必要な会社が生き残り、そうでない会社が淘汰されていきます。これは資本、つまりお金という国民の貴重な資源を国民の幸せのためにより効率的に使える会社にどんどん配分していくしくみなのです。自由な競争市場というのは、資本や労働力などの国民にとってかけがえのない資源を、国民全体をより豊かにするために最適配分します。そして何が最適配分かというのは、時代によってどんどん変わっていくものです。官僚が計画経済で的確に判断できるような簡単な問題ではありません。市場というのはそこに参加する不特定多数の売り手と買い手によって、刻一刻と変化する複雑な資源の最適化を瞬時に実行してくれるスーパーコンピュータなのです。

じつは、経済学というのは国民を豊かにするための最適な資源配分を考える学問なのです。確かに経済学を勉強しても、将来の株価も将来の為替相場も予想できないかもしれませんし、商売で簡単に儲ける方法もわからないかもしれませんが、経済学はよりよい社会をどうやって作っていくかを考えるためにとても役に立つ学問です。

もちろん人間社会という非常に複雑な対象を扱うので、それは物理学が半導体デバイスを作るのに役に立ったり、化学がガソリンを石油から精製するのに役に立ったりするのにくらべれば、直接的には役に立たないわけですが、それでも大きな公共事業を地元に斡旋して箱モノを作ることばかり考えている政治家や、法学部出身で経済学をあまり勉強していない官僚が思いつく政策よりも、標準的な経済学の知識は社会をよりよくするためにはるかに役に立つのです。

労働市場と解雇規制

日本の労働市場はさまざまな法規制によって資源配分が失敗している典型的な例です。会社側が正社員を解雇できないために、社会全体の経済の成長を阻んでいます。市場原理がうまく働いていないから、労働力という貴重な資源がうまく社会に配分されないのです。日本の労働市場はコレステロールでどろどろになった血液みたいなものです。

最近何かと話題の「格差」については、規制緩和や市場原理がその原因だとよくいわれますが、これはまったくのデタラメです。ボリュームの点で、日本における重大な格差は、大企業の中高年正社員や公務員と若年層の非正規社員との格差で、これは市場原理が働かないから引き起こされています。

問題は同一労働同一賃金というマーケット・メカニズムからみれば極めて当然のことが、日本の労働市場では実現していないことです。正社員があまりにもガチガチに法律で保護されているので、経営者はダメな正社員の給料を減らすこともクビにすることもできません。そのシワ寄せが派遣社員のような非正規労働者や、採用数が大幅に減らされる新卒の学生にすべて押し付けられてしまっています。

そもそも派遣社員というこの日本で問題になっている雇用形態は、コストの面で見れば企業にとってそんなにいいものではありません。なぜなら派遣会社にピンはねされるからです。手取り20万円の派遣社員を雇うのに企業は40万円ぐらい負担しないといけません。

それでもなぜ派遣社員を使うかというと、景気が悪くなった時に解雇できるからです。企業は派遣社員を使うことによって人件費を変動費にすることができます。そのためには少々割高な費用でも割に合うわけです。

しかし派遣社員にとってはたまったものではありません。景気が悪くなったら雇用調整に使われる、つまりクビになるし、普段は派遣会社に給料をピンはねされて自分の手取りは安いままだからです。経済学的には景気が悪くなったら解雇できるというオプションを会社に与えている派遣社員が、その分、他の解雇できない正社員よりも高い給料をもらうのがまともな姿です。仕事がなくなってもクビにできない正社員は、その分ふだんから給料を安く抑えておかなければいけません。それが正常なマーケット・メカニズムが働いている状態なのです。

2008年の年越しにマスコミを大いににぎわした「派遣村」の影響もあり、最近では派遣社員を禁止しようという方向です。しかしこれこそ本当に欺瞞に満ち溢れた間違った考え方です。そんなことをしたら大企業はますます日本での正社員の雇用を抑制して、海外に拠点を移すために、国内の雇用の空洞化を加速させるだけです。その結果、派遣社員は正社員になれるわけでなく、派遣社員よりはるかに悲惨な失業者になるだけなのです。

現在のように、雇用規制が法律的にも社会的にもますますきびしくなる状況では、会社は正社員の採用にものすごく慎重になるので、今いる少数の正社員で仕事を回すことになります。そして日本は忙しすぎて死にそうな正社員と、貧しくて死にそうな失業者に二分されていくのです。おまけに出世をあきらめて、会社が解雇できないことを大いに活用している仕事をしない正社員もいます。国の経済の効率にとっても、人々の幸福にとっても、これはとても悪いことです。

派遣社員を規制しても何も問題は解決しません。正社員も含めて日本の雇用を流動化させることが極めて大切なのです。「給料の何か月分を払えば会社都合でいつでも解雇できる」というようなわかりやすい解雇ルールを法制化することです。これで解雇する側も解雇される側も、裁判で何年も争うような不毛な時間と労力、そして訴訟費用を節約できます。

確かに一時的に失業した人はかわいそうですが、仕事がない人にずっと給料を払い続けさせるような、社会保障の責任を民間企業に負わせるべきではありません。そんなことをしていてはグローバル経済の中での競争に勝てないからです。失業保険や職業訓練などのセーフティネットを作るのは企業の仕事ではなく、国がやるべきことです。

ところで、僕が働く金融業界でも、２００８年の世界同時金融危機の後の各企業のリストラで話題になったことがあります。スペインの銀行の話です。

スペインというのは世界でもっとも解雇規制がきびしい国のうちのひとつで、この国では社員を一度雇ったらまずクビにすることができません。しかし今回の金融危機でさすがのスペインの銀行もリストラせざるを得ませんでした。そこでこの銀行は社員に次のような提案をしたのです。

「あなたの夢を実現するためにこれから5年間休暇を取りませんか？　その間、今の給料の3割を保障しますし、休暇から戻ってきた時のポジションも保証します」

この募集に応募した社員は、5年間世界旅行に出かけてもいいですし、他の会社でアルバイトしてもいいですし、（戻る場所が保証されているので）リスクなしで起業にチャレンジしてもいいのです。その間、ずっと会社からお金をもらえます。

スペインでは社員をクビにすることが不可能なので、不景気で仕事もないのに会社の椅子に一日中座られて、給料を毎月毎月満額請求されてはたまったものではありません。そこでこのようなものすごくいい話を社員に持ちかけて、少しでもコストを減らして金融危機を生き残ろうとしたのです。

この話を聞いて、アメリカや香港のように簡単に会社が社員のクビを切れる国で働いている僕の友人は「クレイジーだ」と言って大いにうらやましがっていました。僕もこんな条件を提示されたら真っ先に飛びついたことでしょう。

実際スペインでは、多くの中小企業はばかばかしくて正式に社員を雇いません。社会保険料の負担が重くどんな時でも社員を解雇できないとなれば会社が抱え込むリスクはものすごく大きいからです。結果的にスペインでは形式上は失業者なのに隠れて働いて、証拠が残らない形で裏で現金の給料をもらっている労働者がたくさんいます。このようにスペインでは闇労働市場がものすごく発達したのです。そして闇の市場ではふつうの司法制度は機能しませんから、私的な司法機関であるマフィアも大いにうるおうというわけです。

一見、解雇規制がきびしい方が労働者にはやさしいしくみに思えますが、労働市場の流動性がなくなるので簡単には転職できませんし、一生懸命働いて会社のためにお金を稼いでも、中高年のノンワーキングリッチの人たちの給料に多くが消えていってしまうために若年層の給料が非常に安くなりがちだったりと、長い目で見れば労働者にとっても悪いことの方が多いでしょう。

運よく大企業の正社員になったけどあんまり仕事をしない人にとっては硬直した解雇規制というのは天国みたいなもので、大きな既得権益なのですが、一番悲惨なのはこれからキャリアをはじめようとして仕事を探している若者でしょう。スペインやフランスのように解雇規制が厳しい国では若年層の失業率が常に20%を超えています。

きびしい解雇規制というのは、じつは新卒の学生に一番不利なしくみなのです。中高年の正社員をひとり解雇できれば、新卒を3人雇うことができても、正社員の権利は法律で固く守られているのでそのようなことは起こらないのです。労働市場が硬直していると若者の職が奪われてしまい、社会人として必要なスキルを学ぶ機会もなくしてしまうので、生涯を通して単純労働しかできない人を社会にたくさん生みだしてしまいます。また、社会全体としても、衰退産業にいつまでも労働者が残り、成長していく産業に労働力を移動させることができませんので、経済全体で見れば大きなマイナスなのです。

失業は社会が豊かになっていくためにどうしても必要なプロセス

日本では失業というとすごく不幸なことと思われるようです。また日本では大企業がつぶれそうだと、政府が何かと救済してつぶれないようにします。それに日本では公務員は絶対クビになりません。しかし文明が発展していくためには、じつは失業というのはとても大事なプロセスなのです。このことを理解するために10人の村で考えてみましょう。

最初は貧しい自給自足の農村です。10人がみな朝から晩まで田畑を耕して必死に飢えないように食べ物を作っています。ところがある日、村人のひとりが肥料を発明しました。この肥料を使うと安定してたくさん野菜や果物や穀物を作れることがわかったのです。イノベーションです。おかげで10人でやっていた野良仕事を5人でできるようになりました。そうすると残りの5人はどうなるかというと、失業してしまうのです。

しかしこの失業した5人は新しい仕事を見つけます。漁業です。おかげでこの村は農産物の他に海産物も手に入れたのです。これが経済成長です。農産物だけだったGDPが農産物と海産物に増加したのです。そのあと、農業でも漁業でもさらにイノベーションが起きて、とうとう農業はふたりで十分で、漁業はひとりで十分まかなえるほど効率がよくなりました。しかし残りの7人は失業してしまったのです。

ところがこの7人は村を豊かにするためにさまざまな新しい仕事をはじめます。大工さんになって家を作る人、お医者さんになって村人の健康を守る人、それにこの豊かになった村では歌を歌うという仕事まで生まれました。村人全員で農作業をしていた時代にくらべてはるかに生産性が上昇し、飛躍的な経済成長をとげたのです。

このように技術革新が生まれ、生産性が向上すると経済はどんどん成長して、どんどん社会は豊かになっていくのです。そして社会が発展していくためには失業というのはどうしてもなくてはならないプロセスなのです。

高度に発達した現代の我々が住む世界では、ほんの少数の人たちで全員のお腹をいっぱいにする食料が作れます。そしてありとあらゆる職業が生まれました。現在では宇宙飛行士という仕事もありますし、ブログに面白い日記を書いてその広告収入だけで生活している人や、犬の散歩代行で生活している人までいます。これはおどろくべきことです。そしてさらに世界は進んでいくのです。経済成長をどんどん進める国の未来には、想像もつかないようなアっとおどろく仕事がたくさん生まれていることでしょう。

ところが現実の日本の社会を見ていると、このような産業の新陳代謝が必ずしもスムースに進まないことがわかります。たとえばこの村の例だと、最初に10人で農業をやっていて技術革新が起こり、農業に5人しか必要がなくなると、失業するであろう5人がさまざまな政治活動をするのがふつうです。この5人は政治家や官僚に新しい法律や規制を作るように積極的に働きかけて、たとえば「漁業を禁止する」というような法律を作らせるのです。また自分たちの考えをサポートするような学者を探し出して、研究費という名目で金銭を渡したりして、たとえば「魚を食べるとガンになってはやく死ぬ」というような本を書いてもらったりします。このような学者を御用学者と呼びます。

社会の既得権益というのはこのように作られ、これが政治と結びついて経済の成長を阻むのです。日本にはこのようなしがらみが張りめぐらされており、政官財の癒着があらゆるところに見られます。

社会が発展するためには時代に合わなくなった会社が倒産したり、不必要になった産業で働いていた人が失業するのはどうしても避けれられないことで、そういった衰退産業を補助金や不必要な規制などで延命するよりも、むしろ倒産や失業を積極的に受けとめて、それによってあまった労働力が次の成長産業にスムースに移れるようなしくみを作るべきでしょう。

そして、新しい産業を作り出すのは起業家であり、そういった起業家に資金を提供するのが投資家なのです。政府は、失業者が次の成長産業に移動するための一時的なセーフティネットを用意すればいいのです。

長期で見れば失業も倒産も社会にとって悪いことではありません。新しい産業が生まれ、人々が豊かになっていく過程で生じる必然だからです。失業や倒産はちょっとした成長痛なのです。時代に合わせてうまく変化し適応していく国家だけが、長期的には豊かになっていくことができるのです。

市場が失敗する4つのケース

経済学は市場がすべてを解決するとはまったくいっていません。むしろ市場が失敗する状況をさまざまな角度から分析するのが、最近の経済学ではとても活発な研究分野のうちのひとつです。そういう意味では、経済学は「市場原理主義」とはまったく違うものです。

さて、じつは市場が失敗するケースというのは次の4つの場合しかないことがわかっています。

1. 規模の経済と独占企業
2. 外部不経済
3. 公共財の提供
4. 情報の非対称性

1. 規模の経済と独占企業

「規模の経済と独占企業」ですが、これは電話会社や電力会社のような企業を考えてみればいいでしょう。電話会社は最初に電話線を引きますし、電力会社も最初に電線を引かなければいけません。これは莫大な投資が必要ですが、いったんできてしまえば電話の利用者が2倍になろうと、供給する電力が2倍になろうとあまり追加コストはかかりません。

よって、最初に電話線や電線を作ってしまった会社が規模の経済を最大限に利用して市場を独占してしまうことが可能です。こうやって新規参入がほとんど不可能になると、利用者はどんなに高い料金でも既存の会社の言い値を払わざるをえません。これでは消費者である国民の利益が大きく損なわれます。規模の経済が大きく働く産業では独占企業が生まれてしまうために、自由市場の競争にすべて任せるわけにはいきません。

このような場合、独占を認めて、公益企業として政府が価格などを管理するという、半分国営のようにしてしまうのがひとつの方法です。日本の電力会社は地域独占が認められていて、半官半民の経営形態になっています。やはり競争がなく、コスト競争するインセンティブがないので世界的に電気料金が高いのが問題になっています。独占の弊害を防ぎ、かつ競争原理を導入する制度改革が待たれます。

また、会社が大きくなればなるほど有利になる「規模の経済」が働くような産業では、企業合併などで1社が市場を独占してしまうと消費者の利益が大きく損なわれてしまうので、何らかの規制を作って常に複数の会社を競争させるようにしないといけません。よって世界の先進国では例外なく独占を禁止する法律があります。

少し前に、アメリカでマイクロソフトが独占禁止法に抵触するかどうかというので、ずいぶんと話題になりました。アメリカの司法当局はマイクロソフトをOSのWindowsの会社と、ワードやエクセルなどのアプリケーションの会社に分割することを考えていたようです。しかしある企業が独占状態かどうかの判断は多くの場合、そう簡単には割りきれません。そして時に政治が深く介在してしまうことになります。最近ではやはりグーグルの検索エンジンが独占状態かどうかが議論されています。

日本もＮＴＴのような、独占に関しては微妙な元国営企業があり、ほんの少し規制が変わったり、独占禁止法の解釈によってものすごい金額の利害が発生してしまうので、さまざまな政治活動をさかんにしています。規制業種の企業が政治家や官僚ととても仲良くするのはこのためです。政府はこういう問題に関しては、一部の大企業ではなく、常に消費者の利益を考えてほしいものですね。

2. 外部不経済

次に「外部不経済」ですが、これは公害を思い浮かべてみればわかるでしょう。あるモノを作るのに最新の浄化設備を導入してまったく有害物質を出さずに作る会社と、何の環境対策もせずに公害をまき散らしながら作る会社が市場で競争したら、公害をまき散らす方が同じモノをより安い価格で提供できますから公害会社が競争に勝ってしまいます。

しかしこういった会社は明らかに人々の利益に反します。このように競争市場の外で発生する経済問題を外部不経済といいます。外部不経済があって、会社や人の行動が、他の会社や他の人に迷惑をかける場合は、政府は的確に規制する必要があります。地球温暖化など、世界的に環境問題が注目されていますが、これはまさにグローバルに進展する外部不経済に、どうやって世界各国が取り組むかというむずかしい問題です。環境問題は今後ますます重要な国際的な課題になっていくでしょう。

最近ではエコ利権というものまで生まれて、なんとか補助金を引き出そうという政治活動もさかんなようです。政府は特定の企業に補助金を出すのではなく、環境問題に関してもフェアな競争が行なわれるようなしくみを作らないといけないでしょう。

3. 公共財の提供

みっつ目の「公共財の提供」ですが、これは灯台とか、公園とか、警察のようなものを思い浮かべてもらえばわかるでしょう。こういったモノの共通点は何でしょうか？　それはむずかしい言葉でいうと非競合性と非排除性です。

非競合性とは複数の人が同時に使っても取り合わなくてもいいことです。たとえばアイスクリームはひとりの人が食べたら別の人は食べることができません。アイスクリームは競合性があるのです。ところが灯台は、多くの船や飛行機がみんな利用できますが、だからといって減るモノではありません。公園も多くの人が利用できます。警察があることにより町の治安はよくなりますが、この安全は町に住む多くの人が同時に享受できます。これが非競合性です。

非排除性とは、簡単にいうと料金を払わない人にサービスを止めることができないことです。たとえば灯台ですが、誰もが使えますから利用者みんなから料金を取ろうとしても、抜け駆けして無料で使う人にサービスをストップすることができません。公園もそうです。有料の国立公園も確かにありますが、気楽に立ち寄れる公園では利用者から料金を取るのはむずかしいでしょう。警察の治安維持を有料にしても、やはり町の住民で料金を払わない人のところだけ治安を悪くすることはできません。

このように非競合性と非排除性があるモノやサービスを公共財といい、市場による自由な競争では必ずしもうまくいかないことがわかっています。ただ乗りを防げないので民間企業がサービスを提供することがむずかしいので、公共財は税金で面倒を見た方が効率的なことが多いのです。軍隊などは典型的な公共財で、市場にまかせるわけにはいきませんね。

4. 情報の非対称性

最後の「情報の非対称性」とはなんでしょうか？　これはモノやサービスを売る側が、買う側に対して圧倒的に多くの情報を持っていることです。このように情報が不公平な状態を非対称といいます。アカロフやスティグリッツはこの分野でノーベル経済学賞を取りました。アカロフの有名な中古自動車の分析をここで簡単に説明しましょう。

中古自動車の売り手はその自動車にずっと乗っていたわけなので、当然さまざまな不具合や事故歴を知っています。しかしなるべく高く売りたいのでそういった不利な情報はできるだけ隠そうとします。中古自動車の買い手はちょっと試しに乗ってみるぐらいで買うかどうか決めなければならず、なかなか本当の情報がわかりません。すると買い手は常に事故歴などが隠されているということを想定して、値段をつけなければいけないことになります。その結果、中古自動車の買い取り価格は常に安すぎることになり、まともな中古自動車を売ろうとしている人が不利益をこうむります。逆にいうと、その値段でもいいと思っている悪い情報を隠している売り手が、積極的に不良車を売りさばこうとするでしょう。このように悪貨が良貨を駆逐してしまうのです。

２００８年の世界同時金融危機でも、複雑な金融商品はそれを売る金融機関と、それを買う投資家の間に大きな情報の非対称性があったといわれています。

また、金融機関の内部でも大きなリスクを取り扱う現場のトレーダーと、経営者の間にやはり大きな情報の非対称性があり、儲かったら巨額のボーナスをもらえるけれども、損したらせいぜい会社をクビになるだけのトレーダーが、経営者があまり理解できない巨大なリスクを積極的に取ったことが原因のひとつだともいわれています。

このように市場は必ずしも万能ではありませんが、逆にいえばこの４つ以外のすべてにおいて、自由な市場による競争というのが、国民全体をより豊かにするための最高のシステムだということです。そして、自由市場経済に対する政府の役割とは、これらの市場の失敗を正していくことで、市場に恣意的に介入することではありません。そういった不必要な政府の介入は、社会全体の資源配分をゆがませ、国民全体の利益に反するものになります。

また、ここで上げたような市場が失敗するケースは、自由市場が必ずしも最高のパフォーマンスを出せないといっているだけであり、政府管理の方が必ずうまくいくとはいっていません。多くの場合、市場の失敗より、政府の失敗の方がひどいものです。政府が経済を統制できると考えた、旧ソ連のような共産圏がどうなったかを思い出せば、政府がいかに非効率かわかるでしょう。

もうひとつの政府の役割はセーフティネットを税金で作ることです。市場で自由な競争を行なえば、当然そこには勝つ人と負ける人が出てきます。失業してしまったとしても、次の職が見つかるまでの間の必要最低限の生活費を給付したりするセーフティネットが必要です。競争に負けた人がそのまま社会に復帰できなければ、それは社会全体にも大きな損失です。競争から滑り落ちた人をいったんセーフティネットで保護して、また、次の競争に参加させてあげるのです。

病気や怪我で働けなくなってしまった人や、障害を持って生まれてきた人たちをサポートするのも政府の仕事でしょう。また、お金持ちの家庭の子供も、貧乏な家庭の子供も、等しくチャンスを与えられる必要があります。そのために必要なことは、すべての子供に十分な教育機会を与えることです。機会平等、結果不平等が資本主義社会にとってもっとも重要な道徳であり倫理です。

社会全体から薄く広く徴収した税金で、このような社会のセーフティネットを作ったり、すべての子供たちへよい教育の機会を与えるのです。セーフティネットは社会で負担する保険ですし、すべての子供達に教育機会を与えるのは社会のための投資です。

国の経済的豊かさを表すGDP

国の経済政策の目的は、もちろん国民全体を豊かにすることです。それではこの豊かさとはなんなのでしょうか?　豊かさを表すひとつの指標が国民ひとり当たりのGDP（国内総生産、Gross Domestic Product）です。もちろんGDPという経済指標も完璧なものではありませんが、それでも人間の豊かさを表す非常によくできた指標であることは間違いありません。
一国のＧＤＰとはその国で新しく作られたモノとサービスの総量を表し、国民全体の所得の合計であり、同時に支出の合計でもあります。ひとり当たりのＧＤＰとは、このＧＤＰを総人口で割ったものです。他の条件が同じならたくさんモノを買えたりさまざまなサービスを利用できる方が幸せでしょう。よって経済的な豊かさはひとり当たりのＧＤＰでかなりの部分が決まります。乳幼児死亡率や平均寿命などのさまざまな客観的な指標が、ひとり当たりのＧＤＰときれいに相関しています。途上国にとってはひとり当たりのＧＤＰがまさに命の尺度でもあるのです。

そして、このＧＤＰの毎年の変化率が日本で問題になっている経済成長率です。経済の成長といったら、それはＧＤＰを増やすことだと思ってもらって差し支えありません。ＧＤＰをもう少し正確に定義すると「1年間に一国で生産されたモノとサービスの総額」です。その国の居住者が享受できる豊かさのパイ全体の大きさです。それではこのＧＤＰという指標をどうやって計算するのか少し勉強しましょう。

とても簡単な例として、宅配マッサージ屋さんの場合を考えましょう。宅配マッサージ屋さんなので身ひとつでビジネスができます。このマッサージ屋さんは1回1万円で３００人にマッサージしたので年間の売上は３００万円になりました。この場合、ＧＤＰにいくら貢献したかというと３００万円です。新たに３００万円分のマッサージというサービスを生み出したのです。

図表2-1(a) 平均寿命上位10ヶ国(2009年)

国名	ひとり当たりのGDP[USD](PPP)	平均寿命[年]
日本	30,000	82
香港	36,000	82
スイス	36,000	81
アイスランド	35,000	81
オーストラリア	33,000	81
イタリア	28,000	81
スウェーデン	33,000	81
カナダ	35,000	80
スペイン	27,000	80
フランス	30,000	80

出所：World Bankの資料より著者作成

図表2-1(b) 平均寿命下位10ヶ国(2009年)

国名	ひとり当たりのGDP[USD](PPP)	平均寿命[年]
ナイジェリア	1,700	43
ギニアビサウ	1,000	43
マリ	1,000	45
シエラレオネ	700	46
中央アフリカ共和国	700	46
スワジランド	4,300	46
アンゴラ	3,600	46
アフガニスタン	900	47
ザンビア	1,100	47
レソト王国	1,200	47

出所：World Bankの資料より著者作成

図表2-2　ひとり当たりのGDPと平均寿命の関係

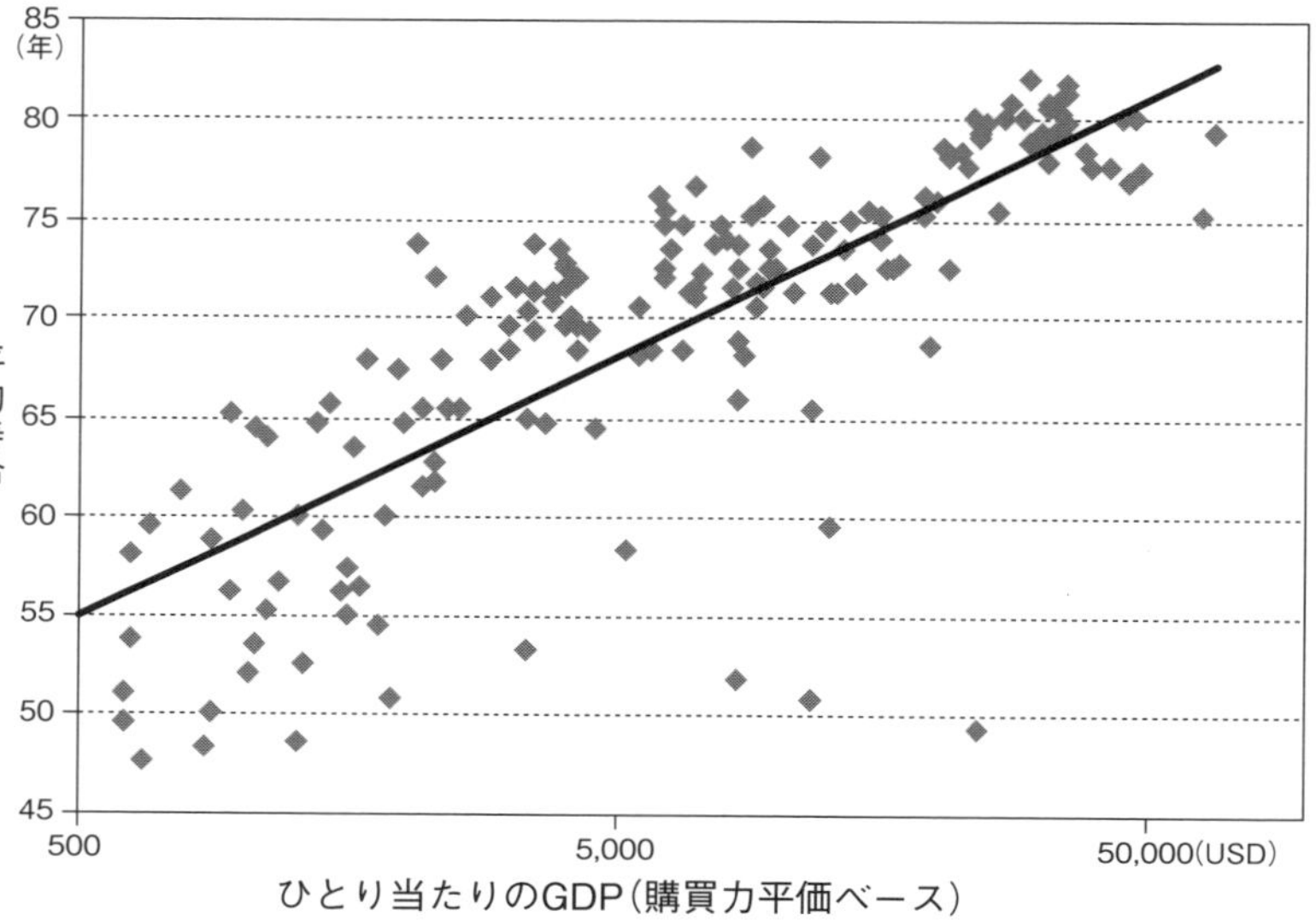

出所：World Bankの資料より著者作成

次はパン屋を考えてみましょう。パンを作るには小麦粉が必要です。ある小麦農家が小麦を作り、それをすべて300万円で製粉屋に売りました。つまりこの農家の売上は300万円でした。次にこの製粉屋は小麦から小麦粉を作ってパン屋に600万円で売りました。製粉会社の売上は600万円で、小麦を300万円で仕入れているので粗利益は600万円から300万円を引いて300万円だったことがわかります。そして最終的にはこのパン屋さんはこの600万円分の小麦粉からパンを作り900万円売り上げました。この場合のGDPへの貢献はいくらになるでしょうか？

売上を全部足すと、小麦農家の300万円、製粉屋の600万円、パン屋の900万円で合計1800万円になります。これを全部GDPに加えてはダメです。なぜかというと同じ小麦が3回もカウントされてしまっているからです。この場合は最終的に900万円分のパンが作られたのだから、900万円がGDPに加わります。つまりGDPというのは「最終的に新しく」生み出されたモノとサービスしか数えないのです。何かを作るために必要な中間のモノやサービスはGDPには入りません。

ちなみにパンが売れ残った場合はどうなるかというと、腐って捨てた場合と将来売るために在庫として取ってある場合でちがいます。捨てた場合はもちろんGDPになりませんが、在庫になっている場合は在庫投資したと考えてGDPに加わります。

中古の本や自動車などの中古市場も、新品として売られた時と中古として売られた時に二重にカウントしてしまうのでGDPには入りません。また、株式や債券などの金融商品の売買も、実際にモノやサービスを直接生み出してはいないのでGDPの計算には入りません。しかし金融商品の売買で得た手数料や運用報酬はGDPに入ります。金融サービスを国民に提供しているからです。

さてこのパン屋を別の視点から見てみましょう。農家は300万円の小麦を土地と太陽から作り出しました。この300万円の小麦は農家が生み出した付加価値です。製粉会社はこの小麦を300万円で仕入れて、600万円の小麦粉を作りました。つまり製粉会社は300万円の小麦を600万円の小麦粉にすることによって、新たに300万円分の付加価値を生み出したのです。そしてパン屋は小麦粉にさらに300万円の付加価値をつけて、パンという食べ物を作りました。農家と

| 図表2-3 | パン屋が生み出したGDP

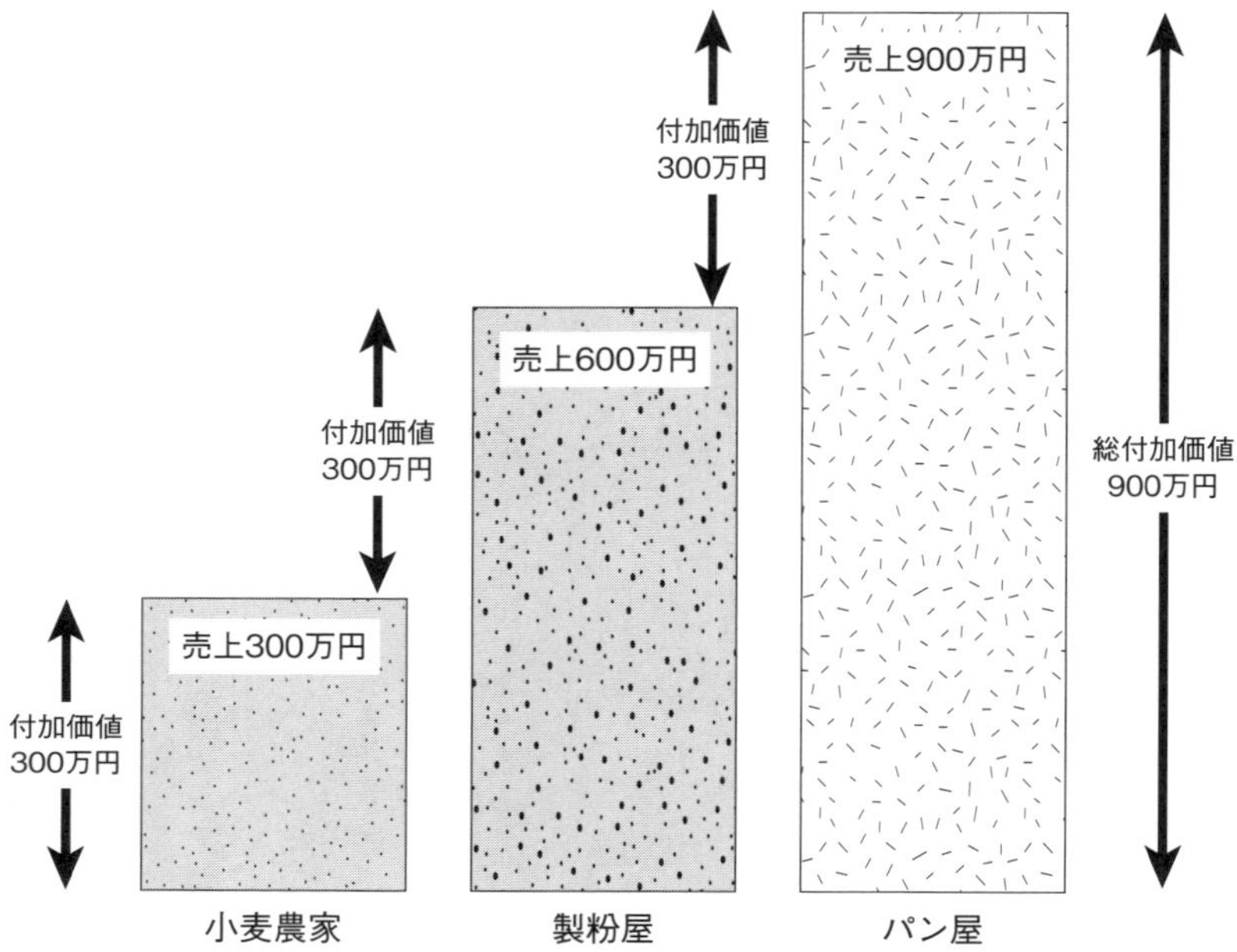

| 図表2-4 | GDPの三面等価

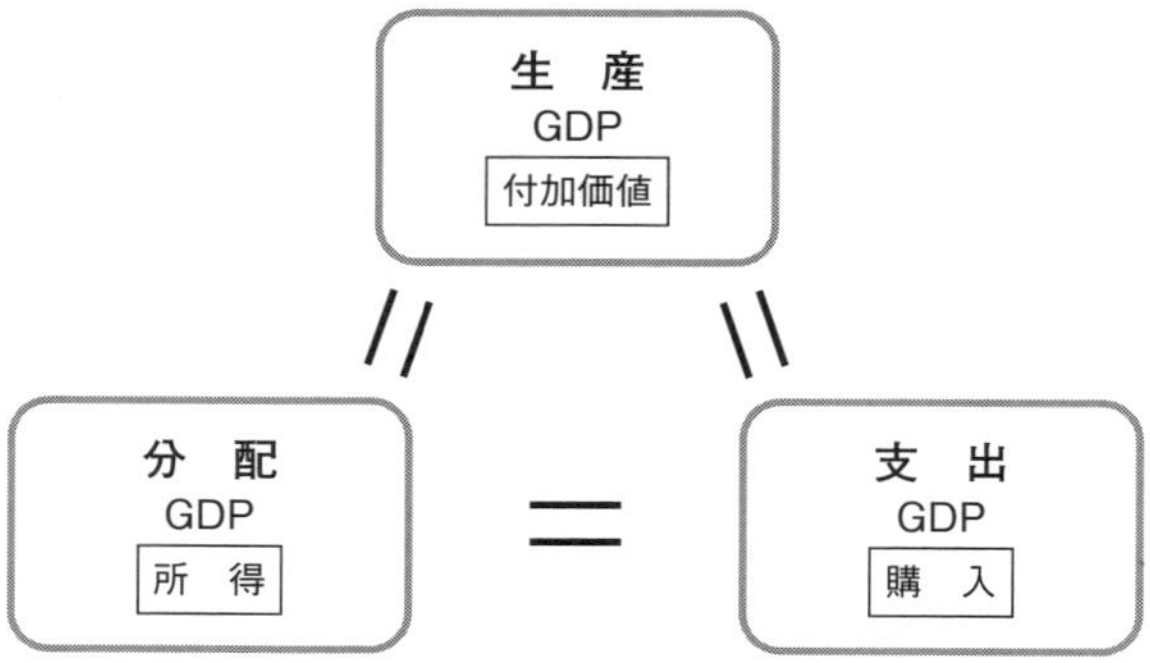

製粉会社とパン屋が生み出した付加価値を合計するとちょうど900万円になります。

つまりGDPとは1年間に一国で生み出された付加価値の合計なのです。

GDPは支出の合計でもあり、また所得の合計でもあります。この関係を三面等価といいます。最終的に消費者に届けられる新しく生み出されたモノやサービスの売上の合計がGDPでした。売上ということは必ず誰かが買っていますから、これは誰かの支出であり誰かの所得になっているのです。

GDPが国民の幸福のためになぜ重要かというと、GDPというのは国民（正確には日本の居住者）の所得の合計だからです。何でもお金で買えるわけではありませんが、所得が増えると大体の人は幸福になります。

GDPをもっと理解する

GDPの恒等式を見ていきましょう。国内で生産されたモノとサービスと海外で生産されて輸入されたモノとサービスが、国内で消費されて、さらにあまったモノとサービスが輸出されると考えると次のようになります。

GDP ＋ 輸入 ＝ 国内総支出 ＋ 輸出

ＧＤＰというのは、このように1年で生産されたモノとサービスのフローを見る概念です。国内総支出を民間の消費と投資、政府の支出に分解してやると、結局のところ、ＧＤＰというのは、

ＧＤＰ＝民間消費＋民間投資＋政府支出＋輸出－輸入

となります。

この式は覚えておくといろいろ便利です。要するに国内で生産されたモノとサービスと輸入されたモノとサービスは、国内で民間が消費するか、民間で投資に回されるか、政府が公共事業などで購入するか、輸出されるか、ということです。恒等式というのはＡ＋Ｂ＝Ｂ＋Ａみたいに常に成り立つ関係を表す式のことです。常に式が正しくなるようにそれぞれの変数の意味を定義してあるので、この式自体は完全に正しいものです。

ところで、物価水準が変わってしまっては過去と現在の実質的な豊かさを時系列で比べることができません。まったく同じモノやサービスが生み出されても、物価全体が2倍になったら名目のＧＤＰも2倍になってしまいます。そこで問題になるのが物価水準の調整です。物価は、さまざまなモノやサービスのバスケットを作り、それらの平均価格を計算して物価指数を作ります。そのうち、おもに生活必需品に注目して市民が感じる物価を計算したものを、消費者物価指数といいます。Ｇ

ＤＰを物価で補正するには、ＧＤＰの計算と同様に国内で生産された幅広いモノとサービスのバスケットで物価を指数化しています。こちらの物価指数はＧＤＰデフレーターといいます。

毎年のＧＤＰを比べるために、どこかの時点の物価を基準にして、ＧＤＰデフレーターを使って物価水準の変化を補正するのです。この補正されたＧＤＰを実質ＧＤＰ、そのままのＧＤＰを名目ＧＤＰといいます。たとえば、まったく同じモノとサービスが生み出されても物価が２倍になれば名目ＧＤＰは２倍になりますが、ここでＧＤＰデフレーターの２で割ってやって物価のちがいを取り除くのです。

実質ＧＤＰと名目ＧＤＰの間には次のような関係があります。

実質ＧＤＰ ＝ 名目ＧＤＰ ÷ ＧＤＰデフレーター

この式を見ると日本の問題点が凝縮していますね。ひとつ目の問題点は経済の成長が停滞して、経済のパイであるＧＤＰがぜんぜん増えていないことです。ふたつ目の問題点がデフレ経済で物価水準を表すＧＤＰデフレーターが毎年どんどん下がっていくことです。経済の停滞とデフレはお互いに関連しているのですけれど、これはあとで詳しく見ていきましょう。

１９９０年に土地バブルが崩壊してからの失われた20年の間に、日本のＧＤＰはほとんど増えま

図表2-5 日本の名目GDPの構成（兆円）

暦年	名目GDP	民間消費	民間投資	政府支出	輸出	輸入	純輸出（輸出ー輸入）
1990	443	235	116	88	46	42	4.2
1991	469	246	122	94	47	39	7.5
1992	481	256	112	103	47	37	10.4
1993	484	261	103	109	44	33	10.8
1994	488	269	97	113	44	34	9.9
1995	495	273	100	116	45	38	7.0
1996	505	279	103	120	50	47	2.5
1997	516	285	106	119	56	50	5.8
1998	505	283	95	118	55	46	9.4
1999	498	284	85	121	51	43	7.9
2000	503	283	93	120	55	48	7.3
2001	498	284	90	120	53	49	3.2
2002	491	283	82	119	56	49	6.4
2003	490	282	85	116	59	51	8.0
2004	498	284	89	115	66	57	9.6
2005	502	286	95	114	72	65	7.0
2006	507	290	99	113	82	75	6.3
2007	516	293	101	113	91	82	8.6
2008	504	292	99	113	88	88	0.7
2009	471	280	74	115	60	58	1.4
2010	479	281	77	116	73	67	5.5

出所：内閣府の資料より著者作成

図表2-6 日本の名目GDPと実質GDP、GDPデフレーターの推移

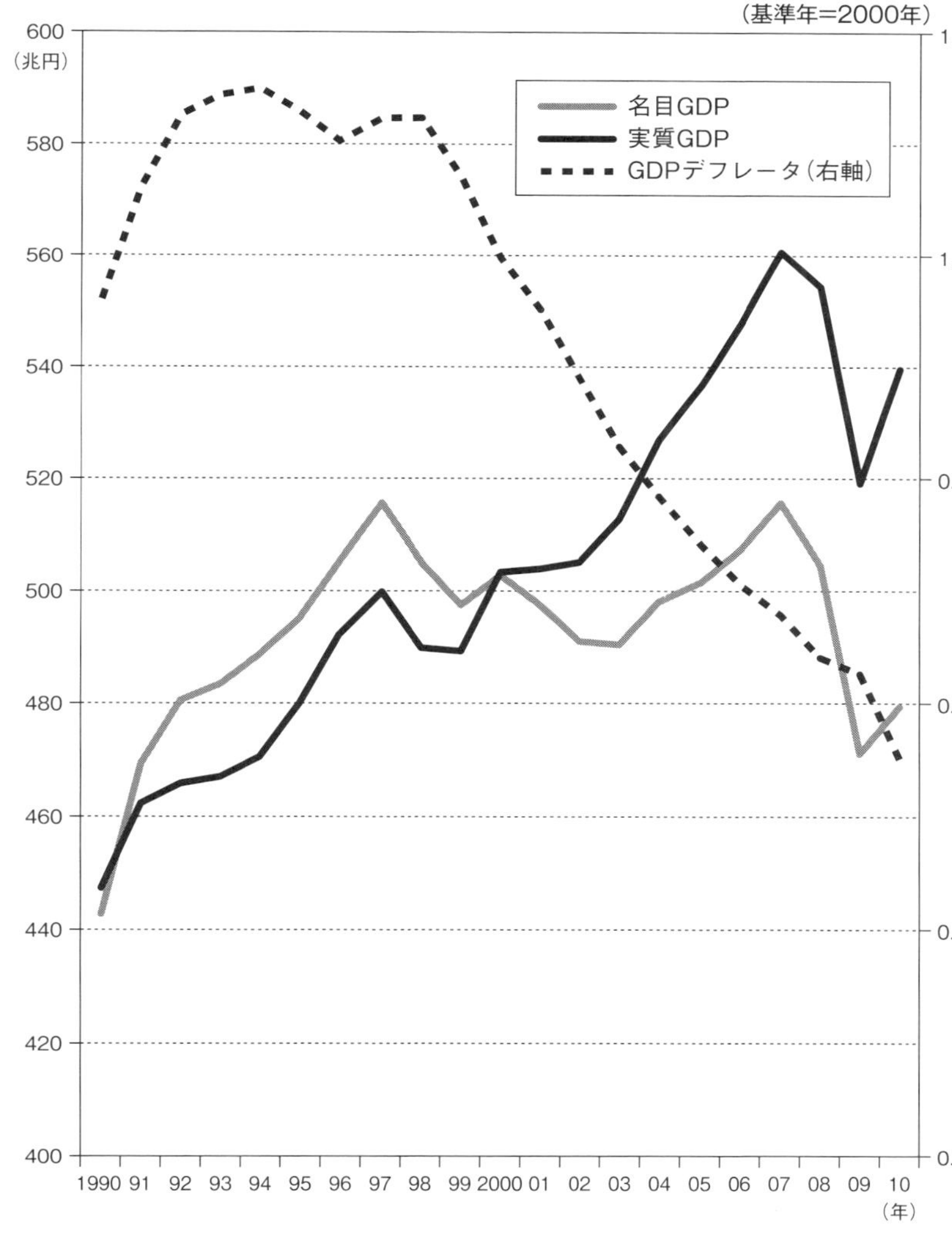

出所：内閣府の資料より著者作成

せんでした。しかしこの間に欧米や中国などの新興国は大きくＧＤＰを増やしました。日本だけが世界の成長に置いていかれたのです。

ひとり当たりのＧＤＰの順位も凋落しました。一時は世界でトップクラスだった日本のひとり当たりのＧＤＰは、最近では16位まで下がっています。経済的な豊かさではちょっと前まで先進国の中でもピカピカの国だったのに、今では先進国クラブの中でかなり下の方の衰退国になってしまったのです。まさに衰退途上国といったところでしょうか。

最後に、もうひとつのＧＤＰを説明しましょう。一国のＧＤＰを時系列で物価水準の変化を補正したのが実質ＧＤＰでしたが、今度は世界各国のＧＤＰを比べる時はどうすればいいでしょうか？もちろんそのまま名目ＧＤＰを、たとえばアメリカ・ドルに換算して比べることもよくやります。しかしもっと実質的な生活水準を比べたい場合、購買力平価（Purchase Power Parity）というのを使います。

同じ１００ドルでもアメリカと中国では物価がちがうので買えるモノやサービスの量がちがいます。だから、それぞれの国の物価水準でＧＤＰを補正してやるのです。これでより生活水準に近い比較が可能になります。この購買力平価のことをPurchase Power Parityの頭文字を取って、よくＰＰＰといいます。

図表2-7 ひとり当たりの名目GDPの国別ランキング（1994年、2009年）

【1994年】

順位	国名	ひとり当たりの名目GDP［USD］
1	ルクセンブルク	43,000
2	スイス	38,000
3	日本	38,000
4	デンマーク	30,000
5	ノルウェー	29,000
6	アメリカ	27,000
7	ドイツ	26,000
8	オーストリア	25,000
9	スウェーデン	25,000
10	ベルギー	24,000
11	アイスランド	24,000
12	フランス	23,000
13	オランダ	23,000
14	オーストラリア	20,000
15	フィンランド	20,000
16	カナダ	19,000
17	イタリア	19,000
18	イギリス	18,000
19	アイルランド	15,000
20	ニュージーランド	15,000

【2009年】

順位	国名	ひとり当たりの名目GDP［USD］
1	ルクセンブルク	106,000
2	ノルウェー	78,000
3	スイス	63,000
4	デンマーク	56,000
5	アイルランド	50,000
6	オランダ	48,000
7	アメリカ	46,000
8	オーストリア	46,000
9	オーストラリア	45,000
10	フィンランド	45,000
11	ベルギー	44,000
12	スウェーデン	43,000
13	フランス	41,000
14	ドイツ	41,000
15	カナダ	40,000
16	日本	40,000
17	アイスランド	38,000
18	イギリス	35,000
19	イタリア	35,000
20	スペイン	32,000

出所：OECDの資料より著者作成

図表2-8　世界の名目GDPの推移

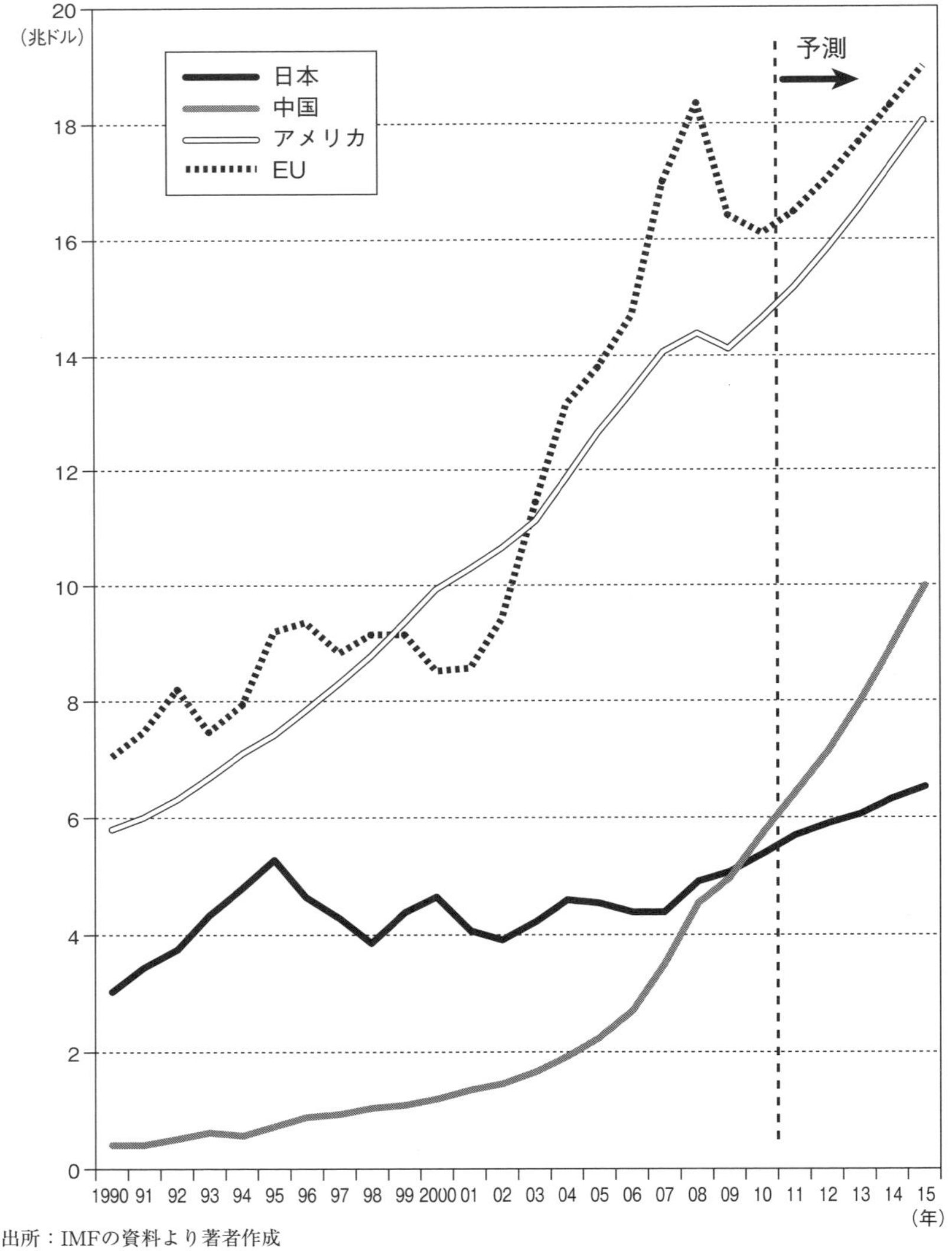

出所：IMFの資料より著者作成

現代のお金は本質的に紙くずである

バブルとはなんでしょうか？　教科書的ないい方をすれば「実際の価値を大幅に上回る価格で株式や土地などの資産が取り引きされている状況」のことでしょう。なぜそういうことが起こるかというと、そのモノの価値に関係なく次にまた誰かがもっと高い値段で買ってくれると誰もが信じるからです。英語ではこれをGreater Fool Theory（もっと馬鹿がいる理論）といいます。

17世紀のオランダでは、チューリップの球根が家一軒ほどの値段で取り引きされるようなバブルが発生しました。日本でも土地バブルが発生して、一時は東京だけの土地の値段がアメリカの国土すべてを上回っていました。皇居の土地だけでカリフォルニア全部より価値があるといわれたものです。最近では２０００年のＩＴバブルや、２００４年の株式分割バブルもそうです。バブルには土地バブルやＩＴバブルのようにもっともらしい理由があって誰もがバラ色の未来を信じて起こるものもあれば、株式分割バブルのようにまったくなんの理由もないのに起こるものもあります。

要するにもっと高い値段で買ってくれる馬鹿が必ず現れるとみんなが思えばいいわけです。バブルの最中は誰もが自分はババをつかまされないと信じて、大金をかけてみんなでババ抜きをやっているのです。

しかしそんなことをいいだしたら、貨幣、つまり我々が一番安全で一番価値があると思っているお金こそが、じつはバブルそのものなのだということがわかります。

たとえばここに1万円札があるとしましょう。この1万円札はなぜ価値があるのでしょうか？　それは他の人も価値があると信じ込んでいるからです。だから1万円札を出せばおいしいディナーを食べられるし、マッサージをしてもらったりできます。なぜならその1万円札はまた別のモノやサービスを買うために使うことができると信じられているからです。1万円札をもらう対価として、人は喜んでサービスするし、自分の他の価値あるモノと交換したりするのです。

そんなに価値があるとみんなが思い込んでいるモノならもっと何か絶対的な価値とリンクしているはずだと思うのが人情でしょう。株式というのは会社の所有権だからその会社が将来稼ぐであろうお金が価値の源泉になっています。土地というのはそこにマンションか何かを建てた時の家賃収入の見込みが価値の実態です。

それでは1万円札の価値はなんでしょうか？　じつはつい40年ほど前まで、国家の貨幣はいざという時は金や銀などの貴金属に交換できることが保証されていたので、その貴金属の価値が貨幣の価値を担保していました。ところが現在の貨幣は、政府に持っていっても金にも銀にも交換してもらえません。1万円札というのはどこまでいっても紙切れで、それ以上でもそれ以下でもないのです。

だったら何が1万円札の価値を創り出しているのでしょうか？　また最初に戻ってしまいますが、それは他の人もそれを価値あるものとして受け取ってくれるというその思い込みが1万円札という貨幣の価値を創り出しているのです。みんなが価値あるものだと思い込んでいるから貨幣という紙切れには価値があるという自己循環した論理、つまり何も説明しない論理でしか貨幣の価値を説明できません。絶対的な価値という意味では、貨幣は紙切れでしかありません。

要するに貨幣というのは信用のみで成り立ち、それはある意味でバブルなのです。貨幣というのはバブルの中のバブルであり、バブルの親分です。

今、世界中の人がなんの疑問も持たずに毎日使っているお金というのは、世界中の人がなんの疑問も持たずに毎日使っているというその事実こそが、その貨幣の価値の源泉だという、じつはとても不思議なものなのです。

中央銀行と貨幣と国債の関係

それではこの不思議な貨幣、つまりお金の秘密にもっと迫っていきましょう。この貨幣という紙切れはどこで作られるのかというと、それは中央銀行という特別な力を法律で与えられた銀行で作られます。中央銀行は人類が作り出した最高の発明のひとつだともいわれています。世界のまともな国ではどこも中央銀行があって、そこが貨幣をコントロールしています。日本の中央銀行は日本銀行、略して日銀です。アメリカの中央銀行は連邦準備制度理事会（Federal Reserve Board, FRB）、ユーロ圏の中央銀行は欧州中央銀行（European Central Bank, ECB）です。

ちょっと前の１９７１年までは、貨幣は貴金属の金とリンクしていました。金という実体のあるモノと完全に関連付けられていたのです。アメリカ政府にドルという名前の紙切れを持って行くと、前もって決まっているレートで本物のゴールドと交換してもらえたのです。そして世界の主要先進国の通貨はドルとの固定相場制だったので、それぞれの通貨もアメリカのドルを通して金という実体につながっていました。これが金本位制です。そのころの貨幣はわかりやすい実体があったわけです。

しかしこの金本位制は、お金を発行するのに、それに見合う金の延べ棒を政府が保有しなければいけないので、政府にとってはかなり不便でした。当時のアメリカはベトナム戦争や、高い失業率などいろいろ大変なことがあって、ニクソン大統領が「アメリカ政府はドルと金の交換をもうしない」といきなり宣言したのです。金の担保を反故にして、経済状況に合わせて自由にお金を刷れるようにしました。こうして当時のきびしい財政状況を乗り切ろうとしたのです。これがニクソン・ショックです。そしてニクソン大統領の宣言の後しばらくしてから、世界中の通貨が変動相場制になりました。

このように何とも交換できないお金を、法定不換貨幣（Fiat Money）といいます。現在、世界の通貨のほとんどは法定不換貨幣です。ニクソン・ショックが起きた時は、世界の通貨の信用が保てるのかどうか、多くの識者が心配しましたが、現在の世界の状況を見渡すと、その心配はまったく杞憂に終わったようです。

図表2-9 金本位制での政府と中央銀行のバランスシート

資産		負債	
金	100兆円	政府券	100兆円

さて、この貨幣というのは物理的には、もちろん中央銀行（の造幣局）で作られるわけですが、それがどうやって人々の手に渡るのでしょうか？　まず最初に金本位制のころから出回っていた貨幣があります。これについてはいいでしょう。金本位制では、中央銀行がいろいろな人から金を買い取って、その金の見返りとして貨幣という紙切れを渡すのです。そしてこの紙切れが世の中で流通することになります。

このころの中央銀行のバランスシートを見ると図表２－９のようになります。バランスシートというのは右側にお金の調達方法が書かれており、左側にそのお金が何に使われたかが書いてある表です。たとえば自動車会社だと、右側に銀行からの借金（負債）と株主からの出資（資本）が書いてあり、左側に自動車工場（有形固定資産）や自動車の在庫（製品）などが書いてあります。

シンプルな金本位制だと、政府と中央銀行は一体で、政府は紙幣という証書を発行して、この証書と市民が持っている金を交換します。仮にこれを政府券と呼びましょう。たとえば政府券を１００兆円発行して、市民が持っている金を買い集めます。この１００兆円の政府券が市民の間でその国の貨幣として流通します。そしてこの紙のお金は政府・中央銀行の保有する貴金属の金の価値で保証されているのです。

｜図表2-10｜金利と債券価格の関係

満期がn年のゼロクーポン債（n年後に額面の100円が払い戻され、それまでに利払いのないシンプルな債券）の価格。

$$\text{債券価格} = \frac{100}{(1+\text{金利})^n}$$

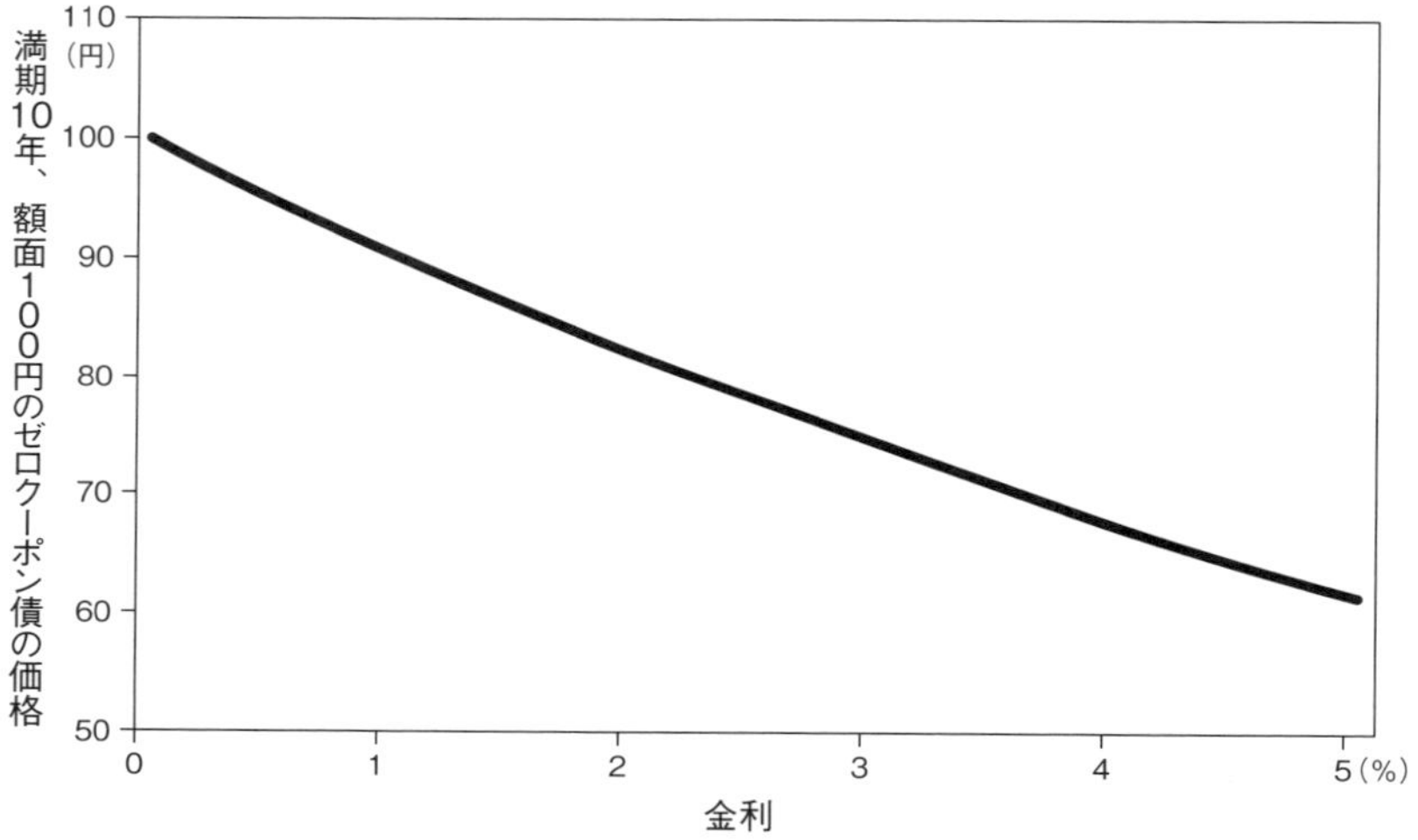

では、今の貨幣はどうやって増えていくのでしょうか？　不思議ですね。中央銀行が新たに貨幣を刷って街中にばらまかなければ、貨幣の量は変わりません。使っているうちにすり切れたり、火事でたまに燃えたりしますから、むしろ金本位制のころに出回っていた貨幣はじょじょに少なくなっていってしまうでしょう。かといって、お金を刷ってヘリコプターでばらまくわけにもいきません。そんなことをしたらお金を価値あるものとして崇めるみんなの幻想がぶち壊れてしまいます。

じつは、現代のお金は中央銀行が国債を買うことにより増えるのです。もうひとつの重要なお金の増殖経路は民間銀行の負債なのですが、これは後で詳しく説明します。

国債は政府が公共事業などでお金が必要になった時に発行します。たとえば国債を1兆円発行して、これをセリにかけて民間の銀行に売ります。民間の銀行は満期や利払いの条件などを考えて国債を落札します。これを国債の発行市場といいます。一番高い値段を提示した銀行が国債を買います。債券というのは図表2－10のように値段が決まれば金利が決まるしくみになっていますので、こうして日本国債の金利が決まっていくのです。国債の値段が安くなるほど金利は高くなります。金利が低くなるほど国債の価格は高くなります。

こうやって民間の銀行に渡った国債は、民間の金融機関同士で活発に売買されます。これを国債の流通市場といいます。金利というのは民間の債券トレーダーによって刻々と決められていくのです。政府が国債を民間の銀行に売れば、民間が持っていたお金が政府に移動するだけで、全体での貨幣の量は変わりません。

しかし日銀が国債の流通市場で、ひとりのプレイヤーとして民間の銀行から国債を買えばお金は増えます。なぜならば日銀だけは自分でお金を刷れるプレイヤーだからです。自分でお金を刷って国債を買うのです。刷るといっても、ほとんどの場合はパソコンでマウスをクリックしてデータベースの中の数字が変わるだけです。逆に日銀が国債を売れば、お金の量は減ります。ところでお金を刷るといっても、中央銀行は民間の銀行と国債の売買をするだけで何も富が増えるわけではないことに注意してください。

図表2-11 法定不換貨幣での政府と中央銀行のバランスシート

資産	負債
将来の徴税権	国債　　　　　　　　　1,000兆円 （民間が900兆円、中央銀行が100兆円保有）

資産	負債
国債　　　　　　100兆円	中央銀行券　　　　　　100兆円

日本国政府が発行した国債を日銀が流通市場を通さずに直接買うことは、政府があまりにも簡単にお金を調達できてしまうため、一部の例外を除き法律で禁止されています。政治家がちょっと困った時に直接日銀に国債を買わせて、そのお金で政策の失敗の尻拭いをしたり、自分の利権団体にばらまいたりしていては、貨幣というのは政府の都合で簡単にたくさん刷られるただの紙切れだとみんなが思ってしまうので貨幣の信用を失ってしまいます。中央銀行は経済の状況に合わせて市中に出回るお金の量をうまくコントロールする必要があるのです。経済の成長や景気の動向に合わせてうまく貨幣の量を調節して物価を安定させるのが中央銀行の仕事なのです。

たとえば１０００兆円の国債を政府が発行していたとします。そのうちの９００兆円を民間の金融機関が保有していて、100兆円を中央銀行が保有している状況を思い浮かべましょう。この場合、中央銀行が100兆円の国債を購入する時に新しく刷った100兆円の貨幣、つまり中央銀行券が供給されたわけです。後で説明しますが、じつはこの100兆円の種銭は民間の銀行を通して、信用創造というメカニズムにより何倍にも増殖します。中央銀行のバランスシートを見ると、右側の発行した中央銀行券、つまり通貨と、左側の購入した国債がつり合っていますから、通貨の信用とは国債の信用そのものだということがわかります。

それでは、国債の信用とはなんでしょうか？　それは結局、国家の徴税権にたどり着きます。国が将来しっかり税金を取って、国債の保有者に返済するということが国債の信用なのです。将来の国の税収を企業の利益のようなものだと考えれば、国債というのは債券ですが、むしろ国家が発行する株式のようなものだとわかるでしょう。株価が企業の業績で上がったり下がったりするように、国債価格や国債に担保されている通貨は、世界の国債市場や為替市場で上がったり下がったりします。

民間の銀行による信用創造で増殖するお金

ところで中央銀行は、銀行の銀行でもあります。日本で営業するすべての銀行は日銀に口座を持っています。この口座に預けてある預金を日銀当座預金といいます。民間の銀行がお客さんから集めた銀行預金の一部はここに貯まっているわけです。また日銀に民間の銀行自らが保有している国債を売ったり、日銀から国債を担保にしてお金を借りたりすると、その民間の銀行が持っている日銀当座預金の口座にお金が振り込まれます。

日本は2011年現在、ゼロ金利政策をやっているため、最近の銀行はほとんどゼロの預金金利で集めたお金で日本国債を買ってその金利差を稼ぐという楽な商売をしていますが、もちろん銀行の本来の仕事はこうやって集めたお金を住宅ローンなどで個人に貸し出したり、大小さまざまな会社に貸し出して利子を稼ぐことです。この時の貸し出し金利が、銀行預金の金利より高いから銀行は儲かるのです。もちろん踏み倒されると損しますから、いかに借り手のリスクを判断するかが重要になります。これが銀行のビジネスモデルです。

預金を100億円集めた銀行を考えましょう。すべての預金者がいっせいに引き出すということは考えにくいので、集めたお金をどんどん貸し出してもよいでしょう。たとえば100億円集めて95億円貸し出してしまいます。この銀行の日銀の口座には5億円しか残っていないのですから、みんながいっせいに預金を引き出したら、この銀行はどこかから大急ぎでお金を借りてこないといけませんし、そこで借りるのに失敗したらつぶれるより他ありません。

実際、あの銀行は危ないというウワサがたつとこのようなこともありえます。これが「取り付け騒ぎ」です。現在の金融システムは、預金保険機構というのがあり、銀行がつぶれても一定額まで預金が保護されますし、自己資本比率に規制があり銀行は一定の厚い資本金を積まないといけないことになっています。また必要であれば中央銀行がお金を貸して救済しますので、取り付けがほとんど起こらないようになっています。もちろん行き過ぎた保護は、銀行経営者のモラル・ハザードを引き起こします。大きなリスクを取って儲ければ経営者の手柄で、破綻した時は公的な預金保険や税金で救済され、最悪の場合に会社をクビになるだけなら、経営者は過剰なリスクを取った方がいいことになってしまいます。これは資金を効率的に配分するという重要な金融機能を妨げます。

銀行が最低いくらのお金を日銀当座預金口座に預けておかなければいけないかは日銀が決めていて、これを法定準備率といいます。これは銀行が集めた預金に対する割合です。預金の種類や金額によって変わりますが、現在の法定準備率はたったの1%ほどです。ほんのわずかな金額を手元に残して、後は全部貸し出してしまうことができます。

さて、この銀行が100億円集めて貸し出された95億円は、回り回ってまたどこかの銀行に預金として預けられているはずです。貸出先の人たちがまだ使わずに各自の銀行口座に置いてあるかもしれませんし、使ったにしろ、やはりそれを受け取った人たちはそのお金をどこかの口座に置いているからです。現金で財布やタンスや金庫の中に入っているお金は銀行口座にはありませんが、やはり多くのお金がどこかの銀行に戻ってくるでしょう。こうして95億円のうちの大部分がどこかの銀行の預金となって、その銀行がまた貸し出します。するとお金を借りた企業のお金が、またどこかの銀行の預金となり、その預金が貸し出されて……というように、どんどん民間企業や個人が自由に使うことができるお金が増殖していきます。

中央銀行が民間の銀行から国債を購入してＢ円のマネタリーベースを増加させることを考える。

法定準備率をλ、民間の現金性向をαとする。
現金性向とは、現金と預金の比率で、現金：預金=α：1である。

よって、民間が持っているお金の総量のうち、現金の割合は、

$$\frac{\alpha}{(1+\alpha)}$$

預金の割合は、

$$\frac{1}{(1+\alpha)}$$

である。

左の図から、Ｂ円のマネタリーベースを増加させた結果、民間企業に次のお金が行き渡ることがわかる。

$$B+B\cdot\frac{1-\lambda}{1+\alpha}+B\cdot\frac{(1-\lambda)^2}{(1+\alpha)^2}+B\cdot\frac{(1-\lambda)^3}{(1+\alpha)^3}+\cdots$$

Ｂの係数は無限等比級数の和の公式を使えば、次のように表される。

$$\frac{1}{1-\dfrac{1-\lambda}{1+\alpha}}=\frac{1+\alpha}{\lambda+\alpha}$$

これがマネタリーベースとマネーストックを結ぶ信用乗数である。マネーストック(M)は、マネタリーベース(B)に信用乗数をかけて、次のように表される。

$$M=\frac{(1+\alpha)}{(\lambda+\alpha)}\cdot B$$

| 図表2-12 | 信用創造のメカニズム

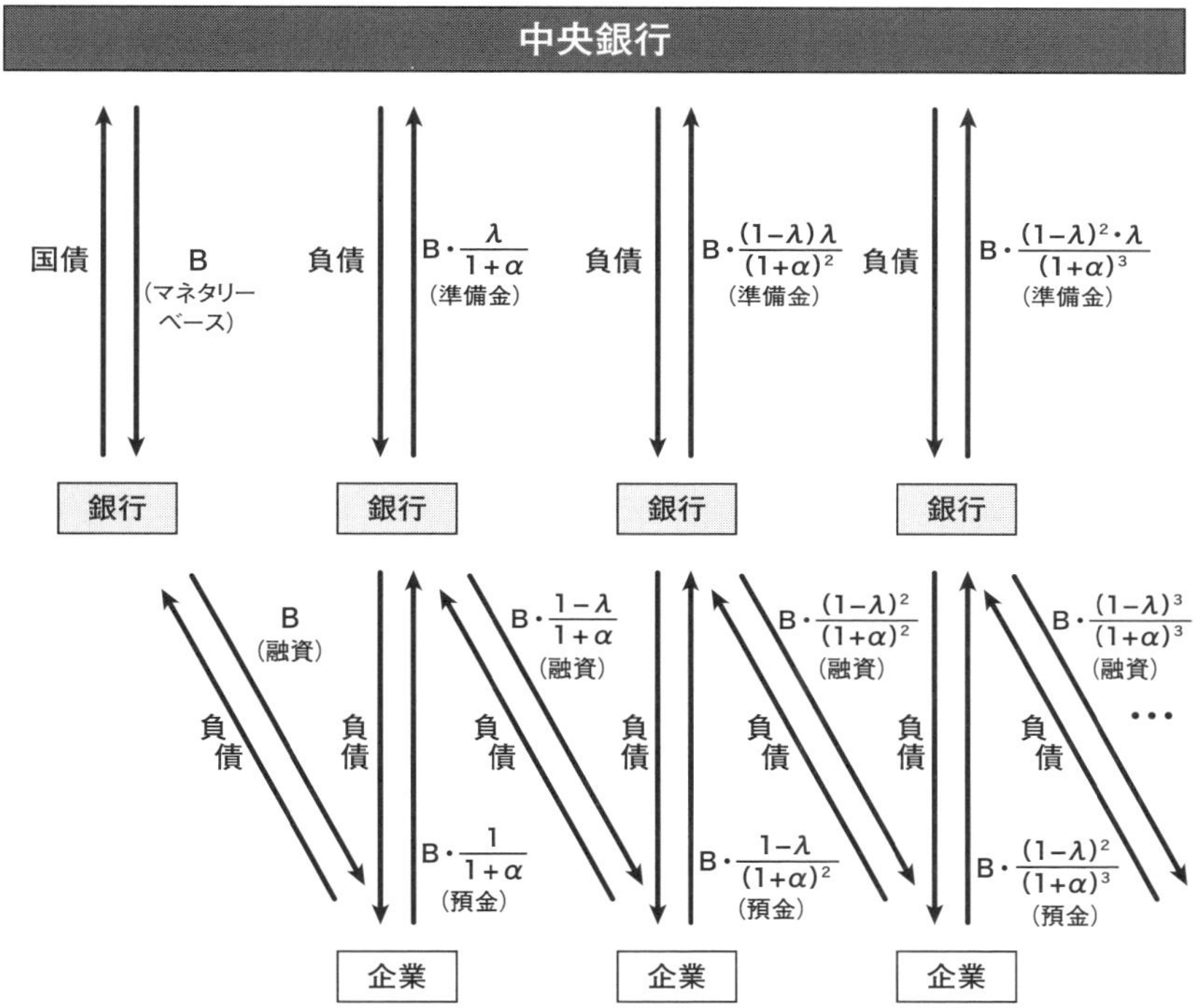

企業や個人の預金とは銀行の負債ですし、住宅ローンを組んでいればそれは個人が銀行に対して負債を抱えているということですし、貸し出されたお金は企業の負債です。もちろん、国債というのは国の負債です。このように銀行の貸し出しを通して民間の預金の総量が増殖しても、それは常に負債とワンセットになっていて、富が創られるということではありませんが、とにかく国民の銀行預金はこのように膨張します。これが信用創造と呼ばれるプロセスです。

世の中に流通している現金の物理的貨幣と、銀行が日銀に預ける預金である日銀当座預金の残高の合計をマネタリーベースといい、これは日銀が市中の銀行から短期国債を売買したり、法定準備率を変更して直接コントロールできるお金です。

そしてこのマネタリーベースを元に信用創造で膨らんだ個人や企業の預金残高と手元にある現金のすべてを足したものをマネーストックといいます。マネーストックとは民間が経済活動に自由に使えるお金の総量です。マネーストックは民間の銀行がどのようにお金を貸し出すか、民間企業や個人が手元にどれだけ現金を残すかによるので、中央銀行が直接はコントロールできません。そしてマネーストックをマネタリーベースで割ったものを信用乗数といいます。

図表2－12では、今までの説明を図と数式を使ってまとめています。この図は中央銀行がB円の国債をある銀行から購入したところからスタートして、どんどんマネーストックが増えていく様子を描いています。一つひとつの式をていねいに追っていけば、現代の不思議な金融システムの全容

図表2-13(a) 日本のマネタリーベースとマネーストック

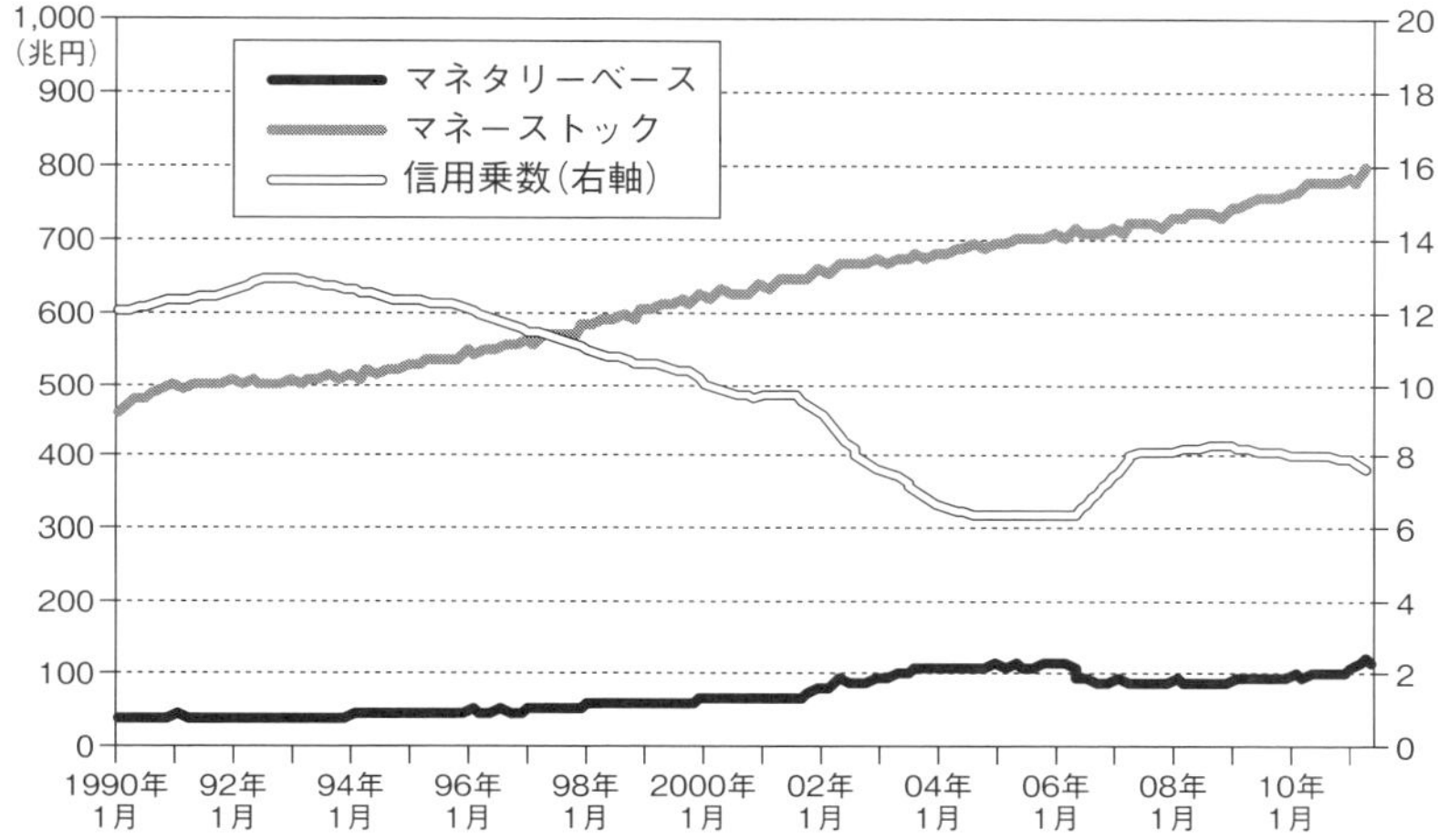

出所：日銀の資料より著者作成

図表2-13(b) アメリカのマネタリーベースとマネーストック

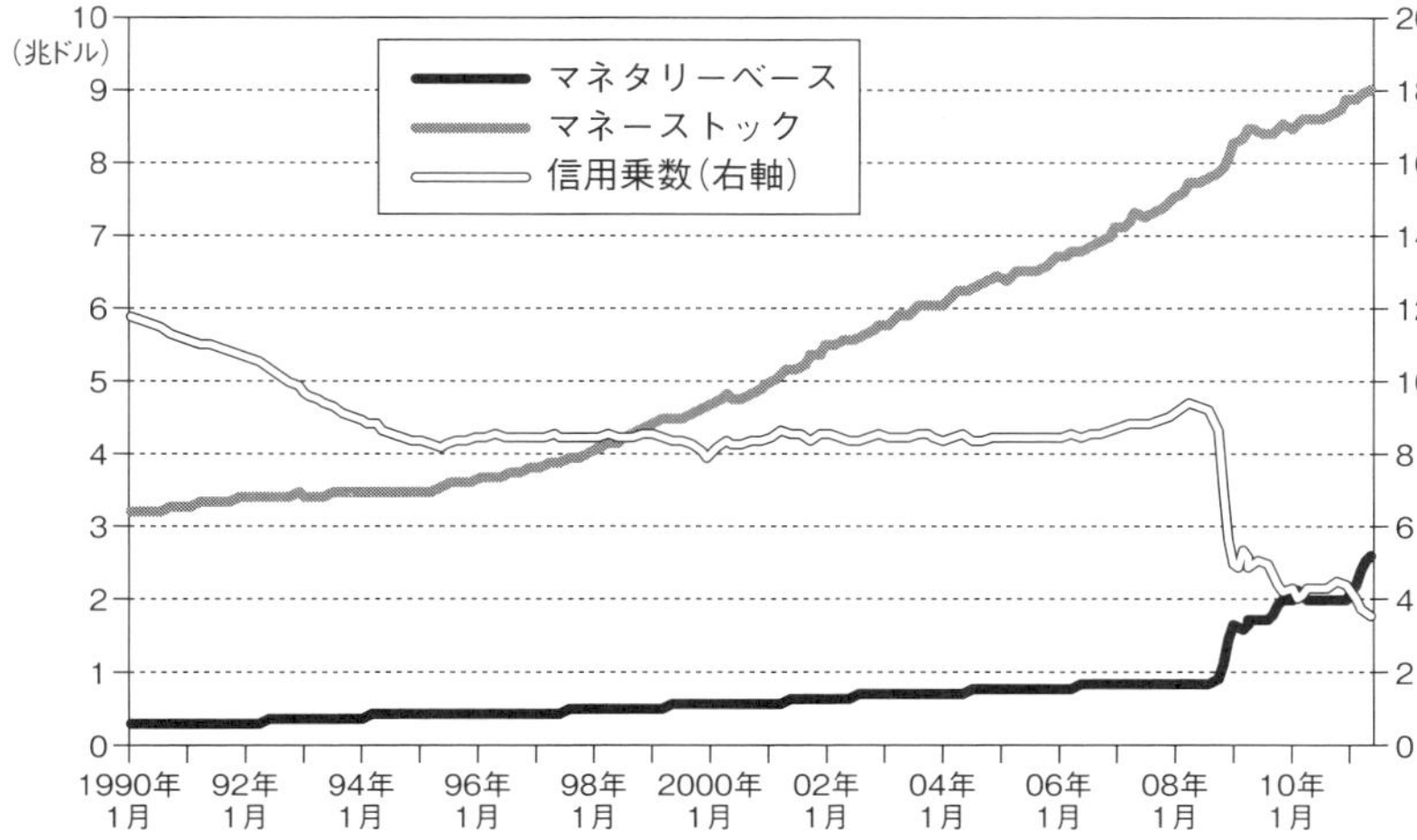

出所：FRBの資料より著者作成

がよく理解できるでしょう。

日米のマネタリーベースとマネーストック、そして信用乗数を見てみると、最近ではマネタリーベースを増やしても、信用乗数が低下してしまい、マネーストックが思うように増えない様子が観察できます（図表2-13）。とくにアメリカでは2008年に起きた金融危機のショックを吸収するために、FRBが大量の資金を供給しました。しかしマネーストックは、マネタリーベースの増加にあまり反応していないことがわかります。

じつはこれは金利がゼロ付近にまで下がってしまい、流動性の罠にはまっているからです。日本はすでに以前から流動性の罠の状態なので、マネタリーベースとマネーストックの関連性が失われています。これについては次の章で詳しく勉強します。

貨幣数量理論による物価とお金の関係

世の中の物価とお金の総量の関係にはものすごく簡単な関係があります。これは次のような式で表されます。

$$MV = PY$$

ここでMは世の中に出回っているお金の総量、Vは世の中で1年当たりにお金が何回使われるか、つまりお金が何回自分のご主人様を変えるかを表す取引流通速度です。Pはモノとサービスの平均単価で、Yは世の中で1年間に取り引きされるモノとサービスの総数です。

この関係式は理論でもなんでもなくて常に成り立つ恒等式です。MVが1年に使われたお金の合計を表し、PYがそれは1年で取り引きされたモノとサービスの金額の合計と同じだといっているだけです。恒等式なのでこの関係は常に成り立つのですが、それはただ単に常に成り立つように言葉が定義されているだけで、何か経済の真実を教えてくれるわけではありません。

しかし、ここでPをGDPデフレーター、Yを実質GDPと考えてやれば、PYは名目GDPになります。また、Mをマネーストックと考えましょう。要するにこの式は、

マネーストック × 貨幣流通速度 = 名目GDP = 物価水準 × モノとサービスの総量

ということをいっているわけです。

ここでV（貨幣流通速度）がほぼ一定だと考えれば、この式は急におもしろい理論になります。1年間にパンを買う回数も家賃を払う回数も、そんなに変わるものではないだろうと考えるのです。もちろん景気がいい時はお金がたくさん回りますし、景気が悪くなるとお金の回りも悪くなりますが、ここではとりあえず貨幣流通速度は概ね一定だと考えます。

国内で生産するモノとサービスの総量、つまり実質ＧＤＰは経済の実力を表すものですが、これも年間数％成長したりしなかったりする程度のものなので、それほど変化するものでもありません。そうすると、結局のところ物価というのは中央銀行が民間の銀行の信用創造を通して間接的に誘導するマネーストックでほとんど全部決まるという話になります。マネーストックを2倍にしたら物価も2倍（貨幣の価値が半分）になります。マネーストックを半分にしたら物価も半分（貨幣の価値が倍）になります。これが貨幣数量理論です。株式分割して発行済み株式数を2倍にすると株価が半分になるのとちょっと似ています。

そこでフリードマンのように市場の力を信じる経済学者は、政府や中央銀行は恣意的に財政政策をしたり金融政策をしても経済は混乱するだけで何もいいことはない。中央銀行がマネーストックをＧＤＰの成長に合わせて同じ割合で毎年機械的に増やしていくだけで、他の余計なことは何もするなと主張しました。これが物価を安定させ、経済を安定的に成長させるもっとも正しい方法だというのです。つまり政府も中央銀行も民間の自由な経済活動に口を出すなということです。

また、日本が15年以上もデフレに苦しんでいた時に、人為的なインフレーション政策を唱える一部の経済学者は「なんで日銀はどんどんマネーストックを増やしてデフレを止めないいんだ？　日銀はアホでバカで間抜けだ」とこき下ろしました。世界的な経済学者であるバーナンキやクルーグマンも日銀をこき下ろしていました。日本国民の多くはデフレで苦しんでいるのに、どうして日銀はそんな簡単なことができないのかと思ったのです。FRB議長のベン・バーナンキが「日銀はお札を刷ってヘリコプターからばらまけ」と言ったのは有名です。それから彼のあだ名はヘリコプター・ベンと呼ばれています。

しかし、じつは次章で説明するように、日銀がゼロ金利の状態で物価の下落を止めることは非常にむずかしいことがだんだんとわかってきました。この点に関してはバーナンキやクルーグマンはむしろ楽観的すぎたかもしれません。

ところで、世の中に出回るお金の総量というのは、実質GDPが成長して経済規模が大きくなればどんどん増やしていかないといけません。中央銀行はこのような場合は満期の長い長期国債を買ったりして半永久的にマネタリーベースを増やします。つまり経済がどんどん成長していけば、物価を安定させたままどんどんお金の量を増やしていけるのです。

お金はゼロサム・ゲームではありません。成功した起業家や投資家がたくさんお金を持っていてもそれは他の人から搾取したものではないのです。経済のパイを大きくして、世の中をより豊かにしたのだから、その分の見返りをもらって当然です。こういうお金持ちのおかげで多くの市民はより豊かになったのです。

第3章

マクロ経済政策はなぜ死んだのか?

Nobody spends somebody else's money
as carefully as he spends his own.
Milton Friedman

誰も自分の金ほど慎重には他人の金を使わない。
ミルトン・フリードマン

政府はある程度景気をコントロールできるが将来の選択肢をなくしてしまう

景気が悪くなった場合、政府と中央銀行が取るべき景気対策は基本的にふたつあります。財政政策と金融政策です。

財政政策は歳入面と歳出面に分けることができます。

歳入面での景気対策とは減税であり、歳出面での景気対策とはおもに公共事業のことです。最近では、定額給付金なども歳出に関する財政政策ですね。金融政策による景気対策は金利を下げる金融緩和です。後で勉強しますが、非伝統的金融政策というのもあります。

これらの政策が景気を浮上させるしくみは非常に簡単です。減税をすると民間が使えるお金が多く残るので消費が増えます。公共事業をすれば、その分の雇用が生まれ、政府が公共事業にお金を使う分のＧＤＰは増えます。また公共事業に関わった人々の所得が増えるわけで、それらの所得はさらに何かに使われるので、お金がぐるぐる回ります。こうして景気がよくなるのです。

中央銀行が金利、つまりお金の値段を下げれば、企業はお金を銀行から低い金利で借りて設備投資を増やそうとするし、個人も住宅ローンで家を買ったりします。中央銀行が金利を下げてお金をどんどん世の中に出していけば景気が上向いていくでしょう。

図表3-1 財政政策と金融政策

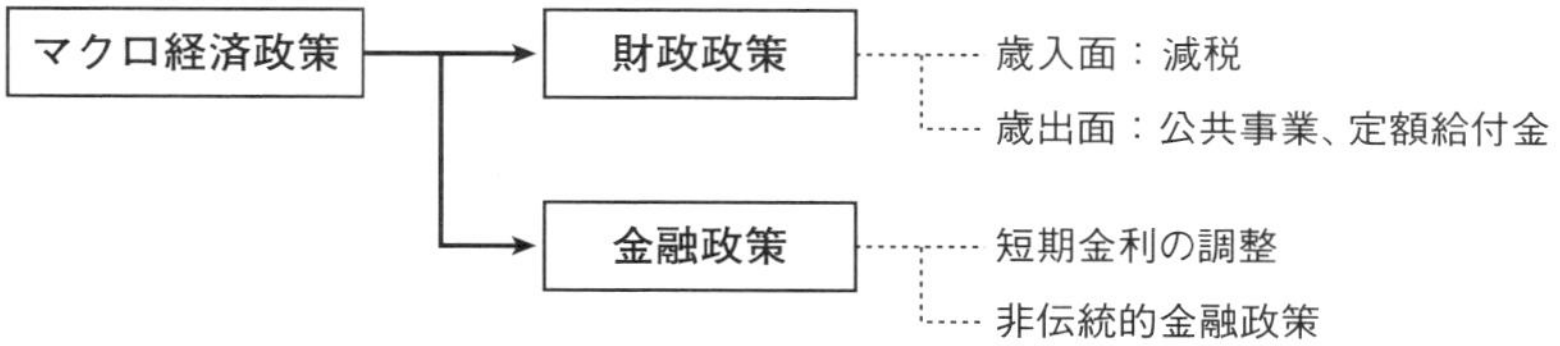

驚くことではないでしょうが、「政府が景気対策をするべきかどうか。また、するとしたらどのような方法ですればいいのか」については、経済学者や政策担当者の間で大きく意見が分かれます。僕は効率的な資源配分がゆがみ、それゆえに長期的には潜在成長率が毀損されていくので、政府による財政出動（歳出面の財政政策）にはあまりいい印象を持っていません。また簡単に景気対策といいますが、多くの人が気づいていない大きなコストが発生します。それは将来の選択肢（オプション）がなくなるというコストです。

金融緩和を考えてみましょう。中央銀行が金利を下げれば、人々がお金を借りやすくなり景気がよくなるのだから、ちょっと景気が悪くなればすぐに金利を下げたくなります。金利を下げれば副作用として自国の通貨も安くなり、とりわけ輸出産業の大きい日本のような国では金融緩和への誘惑は大きなものになります。

実際、日銀は金融緩和を続けて、随分昔に（短期）金利がほぼゼロになってしまいました。金利はゼロより下げられないのだから、金融緩和は基本的には金利がゼロになったらおしまいなのです。つまりいったん金利がゼロになってしまったら、２００８年のような世界同時金融危機によって経済に大きなショックが加わり、世界的に景気が大きく落ち込んでも打つ手がほとんどなくなってしまうのです。

金融危機以降の円高にしても、多くの部分がドルと円、あるいはユーロと円の金利差の縮小に起因しています。金融危機の前は4~5%の政策金利でもともと金利の高かったアメリカやヨーロッパでは、金融危機が発生した後に中央銀行が金利を大胆に引き下げ、金融緩和によってある程度ショックを吸収できましたが、すでに金融緩和という選択肢を金融危機の前に使い切っていた日本は、ほとんど何もできなかったのです。洪水が起こり、金利という背丈がもともと極端に低かった日本が、世界より先に水没してしまったのです。

財政政策による景気対策も同じです。政府がお金をばらまけば一時的に景気はよくなるでしょう。しかしこれにも限界があります。政府は財政出動のためのお金を赤字国債の発行により調達するわけですが、政府が無限に赤字国債を発行できるわけではありません。

どこまで政府の借金を膨らませられるかについては、経済学者の間でもさまざまな議論がありますが、それが有限であることには違いありません。GDP比200%にも達する政府債務を抱える日本にとって、それほど多くの余地が残されているとは考えない方がいいでしょう。

また、輸出産業が多い日本では、景気が悪くなると為替介入をして円安誘導しろ、という意見をよく聞きます。しかしこれも同じ種類の問題を抱えます。すでに100兆円も外貨のポジションを抱えてしまって、さらにドルを買い増すのは、国民に多大な為替リスクを強制的に取らせることを意味します。財務省お得意の家計の例えでいうのならば、年収400万円のお父さんが、為替証拠

図表3-2 日米欧の政策金利の推移

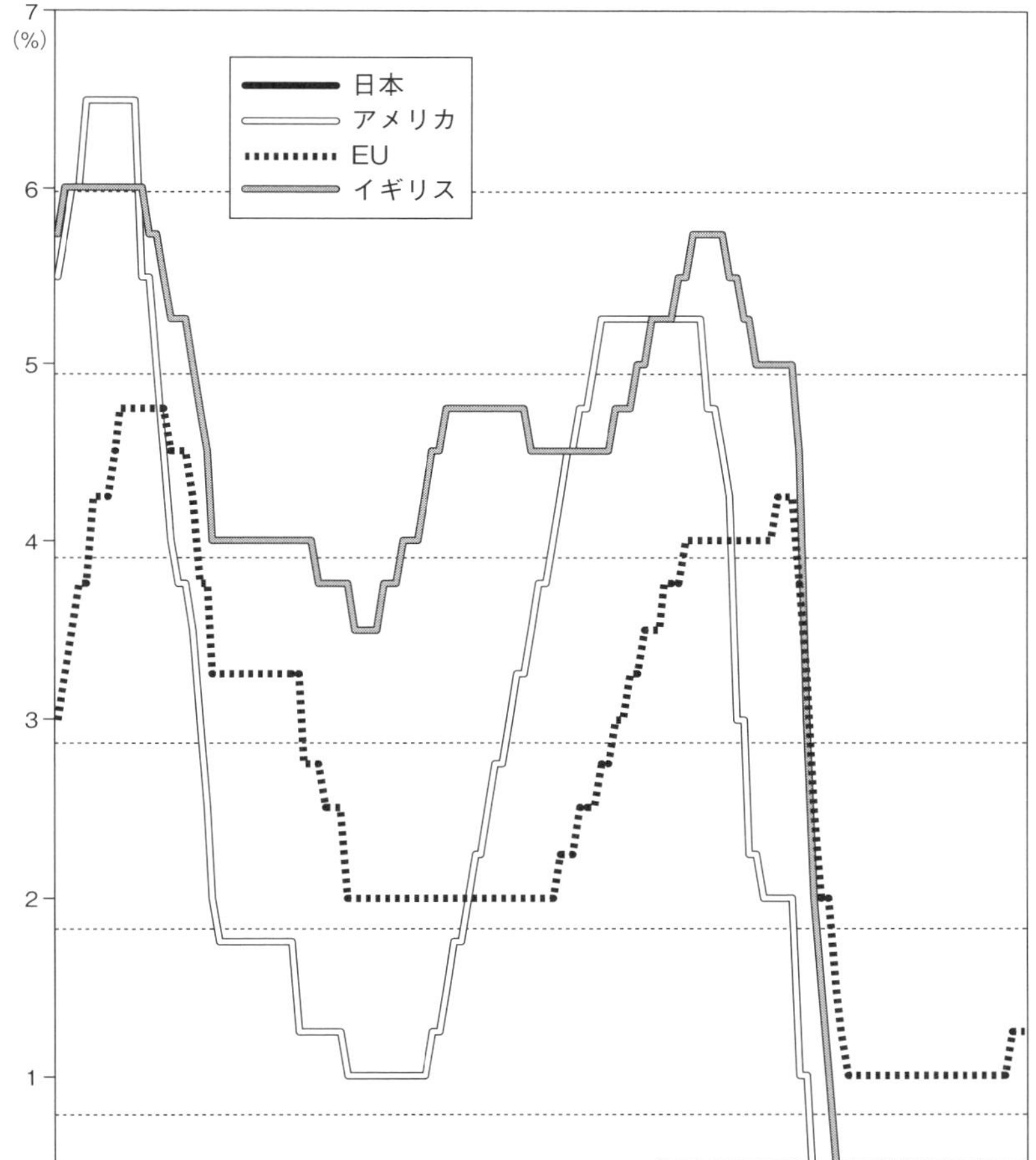

出所：日銀、FRB、ECB、BOEの資料より著者作成

図表3-3　日本の財政赤字と国債発行額の推移

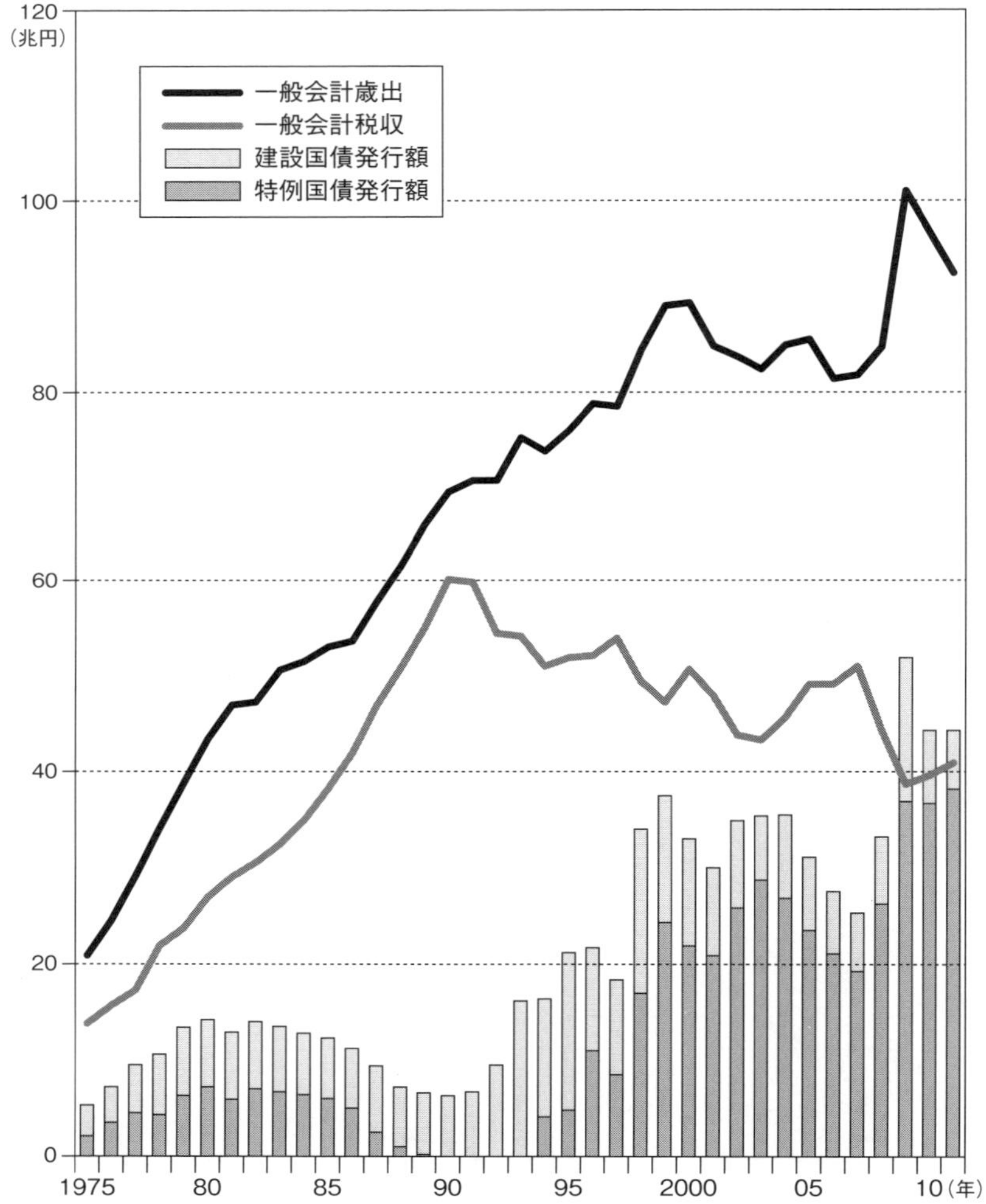

出所：財務省の資料より著者作成

注：日本国政府が発行する国債は建設国債と特例国債に分けられる。建設国債は道路などの国民のインフラ整備のための借金で、特例国債は税収の不足を補うための借金である。

図表3-4 日本の国債残高

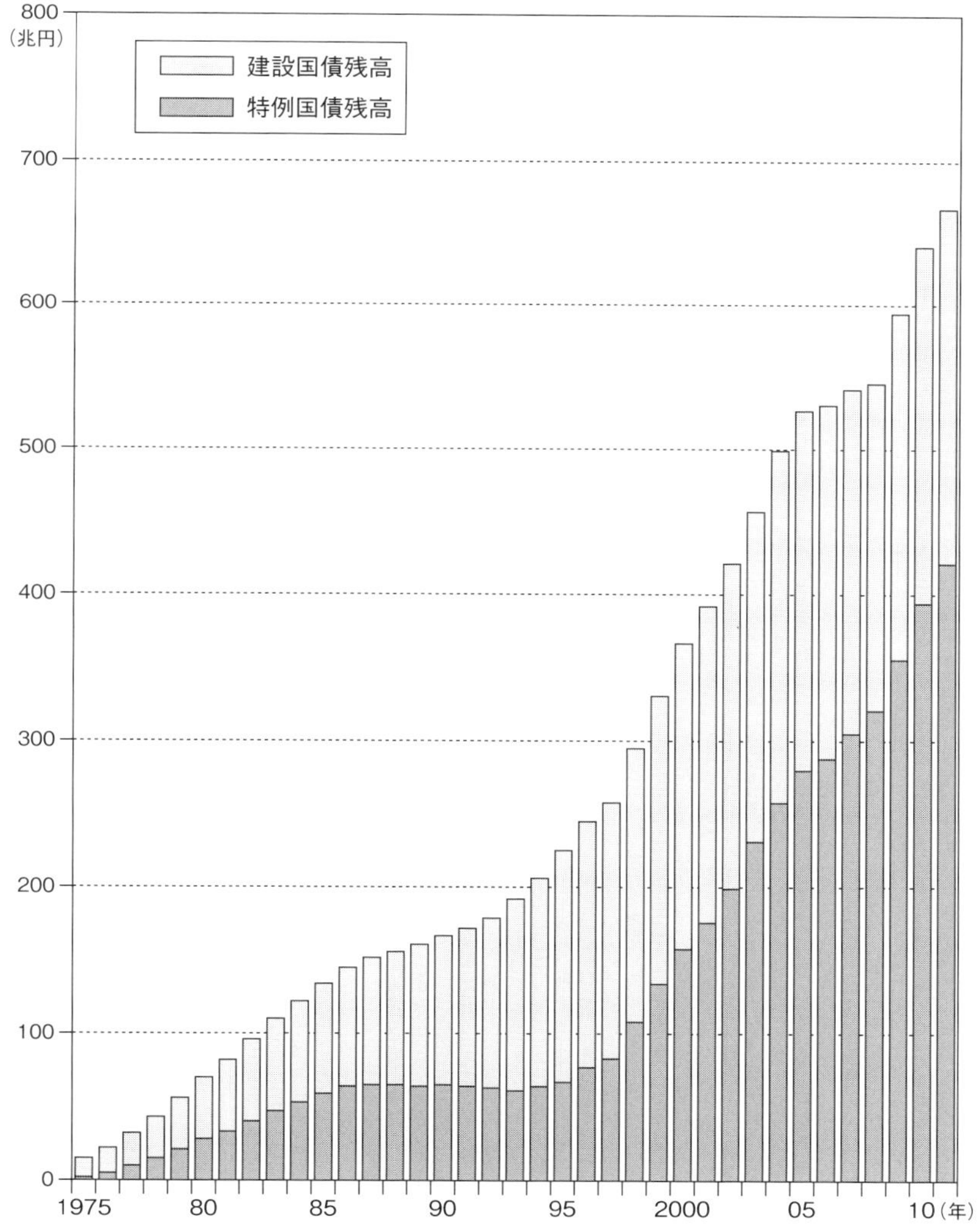

出所：財務省の資料より著者作成

金取引で1年に100万円や200万円ぐらいの金額を損したり儲けたりするバクチを張っていることになります。為替リスクも無限に取れるわけではないのです。

多くの政策には、将来のオプションが減るというような一見わかりにくいコストがかかります。そして将来の選択肢がなくなるというコストは、残念ながら多くの人にとって理解するのがむずかしいようです。金融緩和も財政出動もタダではないのです。そのどちらも過去20年間で使い果たしてしまってから、こんなことをいうのはすでに時遅しかもしれませんけど。

ケインズ政策と乗数理論のダメなところ

1990年初頭に土地バブルがはじけて、日本は失われた20年ともいわれる経済の低迷を経験するのですが、この間に政府がさかんに行なった景気対策がケインズ政策というものです。景気が低迷している時は、政府支出を増やして景気を下支えしなければいけない、という考えです。

政府が公共事業を行なってG円使うとしましょう。そうするとこの公共事業を受注した会社にはG円の売上が発生します。この時点で当たり前ですがGDPはG円増えます。ところが話はこれで終わりません。このG円はこの会社の社長のボーナスになったり、取引先の社員の給料になったりと必ず誰かの所得になるからです。基本的に人の消費は所得が増えるほど増加します。300万円の給料の人が1000万円もらうようになれば、使うお金もそれなりに増えるでしょう。

ここで限界消費性向というのを考えましょう。なんかむずかしい名前がついていますけど、100万円収入が増えたらいくら消費を増やすか、というただそれだけのことです。100万円収入が増えたら70万円使うのであれば、この消費性向は0.7になります。

最初の政府支出のGは誰かの所得になって、この誰かの所得の増加はその誰かの消費を増やします。その誰かの消費は、これまた他の誰かの所得になります。たとえば公共事業で儲かった土建屋が、飲み屋でお金を使えばそれは飲み屋の売上になります。そして飲み屋は土建屋のおかげで儲かった分で何か買い物したりと、このプロセスが永遠に続いていくことがわかるでしょう。

消費性向をcとおくと、結局のところ最初の政府支出のGは、GDP（国内の売上から重複を取り除いたりして全部足したもの）を次の分だけ引き上げることがわかります。

GDPの増加＝G＋c×G＋c^2×G＋c^3×G…

これは無限等比級数の和の公式を使えば簡単になって次のようになります。

GDPの増加＝1÷（1－c）×政府支出

この1÷（1－c）の部分が乗数というやつです。消費性向c＝0.7だったら乗数は1÷（1－0.7）＝3.3になりますね。この式は政府が1000億円使えば、GDPが3300億円増えるといっているわけです。あら、不思議。これが乗数効果です。

ちなみに減税にもGDPを引き上げる乗数効果があり、計算すると次のようになります。

GDPの増加＝c÷（1－c）×減税額

この乗数理論はどのマクロ経済学の教科書にも載っているし、公務員試験にも出るので、日本の法学部出身の政治家や官僚はこれが大好きです。自分たちの利権を増やせるという世俗的な欲望もあるとは思いますが、何といっても無限等比級数が出てくるあたりが何となく高級そうな理論に見えて、そのあたりが彼ら法学部卒業生を駆り立てるのでしょう。そんな東大法学部出身の彼らは、不景気になると得意げな顔をしてケインズの乗数理論を使って、瀬戸内海に何本も橋をかけたりしました。

だいたい政府がお金を使えば芋づる式にどんどんGDPが増えるんだったら世界の貧困問題はとっくに解決しているんじゃないのか、という疑問がふつふつとわいてくると思うんですけど、なぜか政治家も官僚もそういうことはあまり考えなかったようです。さらに僕が非常に不思議だと思うのは、マクロ経済学の教科書を読むと、乗数効果の説明ってだいたいここで止まっているのです。

さて、これからこの乗数の話の何がダメなのかというのを見ていきたいと思います。まず、政府が無理やり投資したことによって、失われた何かが見えていないことです。政府が投資をするために、国債を発行して市場からお金を調達します。つまり民間が何かに投資したり消費したかもしれないお金を政府が勝手に使ったわけで、その分の民間の支出が減っていることがあり得ます。民間が自発的に引き上げることができたGDPが政府支出に変わっただけかもしれないのです。

また、GDPの数字は同じでも、民間が自分でやりたいことにお金を使うのは確実に人々を幸せにします。しかし、政治家や官僚が勝手に自分たちの利権にお金を使えば一時的にGDPは上がるかもしれませんが必ずしも国民が幸せになるとはかぎりません。この点でも政府支出の罪は重いと考えるべきでしょう。

このように政府の経済活動が、民間の経済活動を押し出してしまうことをクラウディング・アウトといいます。クラウディング・アウトの効果が考慮されていないところが乗数理論の愚かなところです。また、マンデル・フレミング・モデルを勉強すれば、変動相場制では政府の財政支出による景気浮揚効果は外国に逃げてしまうということがわかるのですが、これはまた後で説明します。

しかし乗数理論のもっとも無責任なところは、時間軸の考察と将来負担の概念がすっぽり抜け落ちていることです。景気対策に政府が財政支出をするということは、国債を発行するということです。国債は将来の税金の先食いなので、将来時点でいつかは増税してつじつまを合わせなければいけません。増税すると乗数効果と逆の効果があるので、その時国民は大変な痛みを味わうわけです。

つまり政府の財政支出により目先の景気対策にはなりますが、それは将来のどこかで借りを返さなければいけないのです。

理屈のうえでは不景気の時に政府支出で景気を底上げして、好景気の時にその借りを返すということをすれば、経済の変動を安定させることができます。しかしこれは政府が景気の谷と山をドンピシャリと予測できるということを暗に仮定しているので、その実効性は、僕は大いに疑問です。選挙対策で忙しい政治家が、景気の谷と山を的確に予測して、ケインズの乗数理論で経済を安定させられると考えるのは大変に無理があるでしょう。

日本の為政者たちは、景気が悪くなったら赤字国債を発行して財政出動するということを過去20年間繰り返してきました。もちろん、日本の巨額の政府債務は、高齢化による医療費や年金などの社会保障費の増加がおもな原因ですが、過去の場当たり的な景気対策も赤字国債を大きく増やしました。そしてこのような安直な経済政策により、民間企業は創意工夫をして世界の中の市場で競争するより、政府にたかるようになってしまいました。その結果、日本の経済成長が止まってしまったのです。

景気対策で財政出動し、その効果が切れた時にその痛みを打ち消すためにさらに財政出動をするという悪循環は、まるで麻薬中毒者が麻薬の禁断症状の苦しみに耐えられず次々と強い麻薬を打っているようです。そして、最近はとうとう麻薬がなくなってしまおうとしています。今まで痛みはすべて麻薬でごまかしてきたので、麻薬をやめれば恐ろしい禁断症状に見舞われるでしょう。日本経済はこれからこの禁断症状に耐えられるのでしょうか？

通常の金融政策のしくみ

第2章で勉強したように、中央銀行はマネタリーベースをコントロールして、個人や民間企業が自由に使えるお金の総量であるマネーストックを間接的にちょうどいい水準に調整します。しかし実際のところ、中央銀行は金利に注目して、これらの金融政策を実行するのです。市場の短期金利を、おもに短期国債の売買をしてあらかじめ決めたターゲットに誘導します。

金融政策の主役はあくまで金利です。世の中で商売している人は、銀行預金や、銀行からの融資の金利は気にしますが、マネタリーベースやマネーストックのことを気にしている人など見たことがありませんね。銀行へ支払う金利は商売でとても重要ですが、マネタリーベースは直接は関係ないからです。

通常の金融政策では景気が悪くなったり、物価が下がってきたら金融緩和をします。逆に景気が加熱してきたら、金融引き締めをします。通常の金融緩和とは中央銀行が短期金融市場のオーバーナイト金利を下げることです。金融引き締めはオーバーナイト金利を上げることです。短期金融市場というのは信用の高い大手金融機関が資金を貸し借りするところで、オーバーナイト金利とは1

図表3-5 | 中央銀行による金利の調節

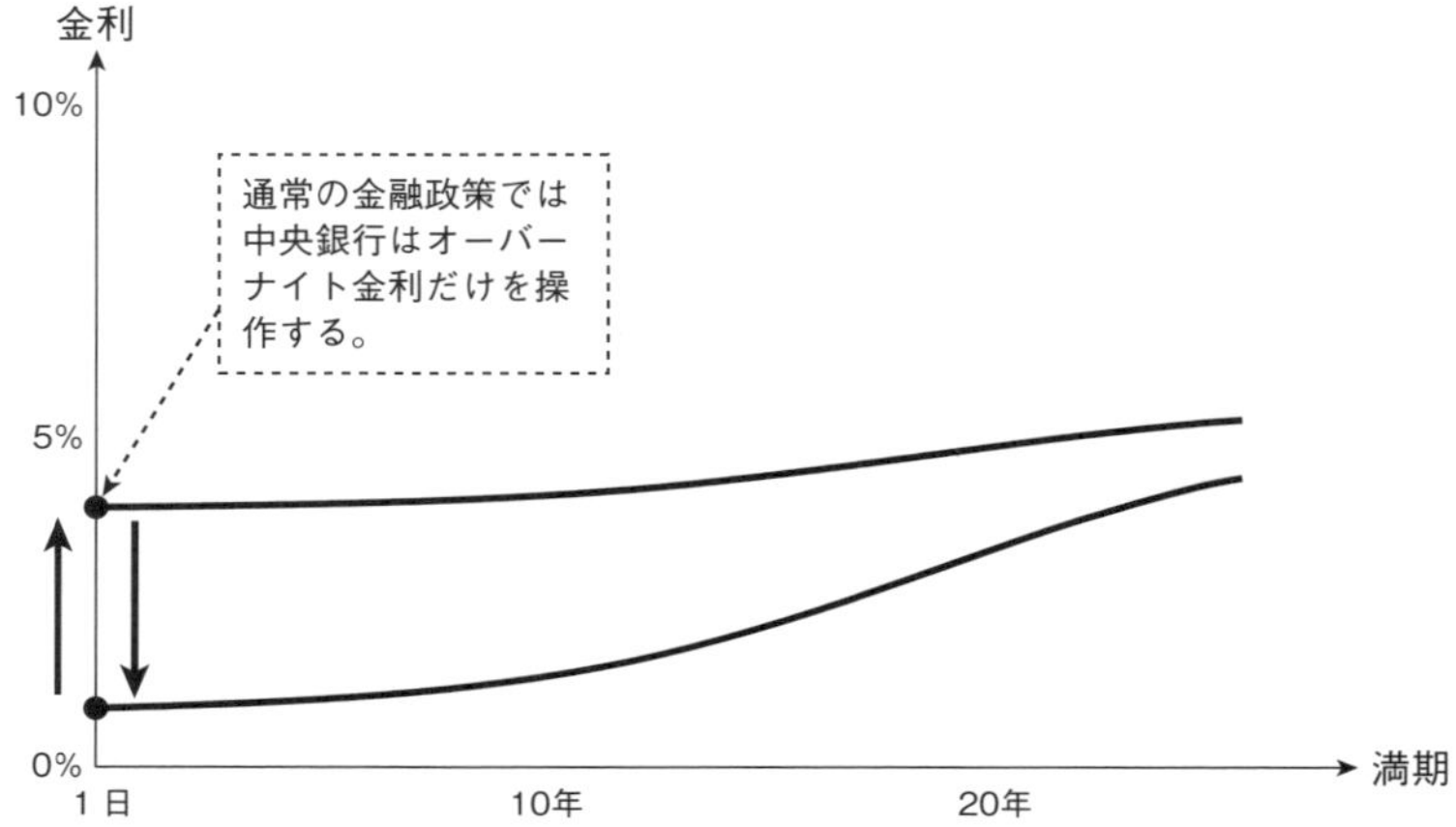

日だけ貸したり借りたりする時の金利です。

金融機関というのはこのように毎日資金を融通し合っているのです。日銀はこのオーバーナイト金利が目標になるまで、市場で短期国債を売買したり、民間の銀行に国債を担保に取って資金を貸したり、民間の銀行から資金を借りたり（民間の銀行が日銀に預金する）します。たとえば満期の短い国債を金融機関から目標金利になるまで買ったり売ったりします。

債券の値段は金利が決まると決まるし、値段が決まると金利が決まるので、短期国債の金利がターゲットになるまで国債を売ったり（金利が上がる）、国債を買ったり（金利が下がる）すればいいわけです。逆にいえば、マネタリーベースは、金利水準が決まれば、その後に自動的に決まってくるわけです。

短期金利が変化すると、世の中の長期金利やその他のいろいろな金利に影響を与えます。たとえば短期金利が０・１％だとすると、この低金利でずっと満期がくるたびに同じく短期金利で借り換え続ければ、長期間０・１％でお金を借りているのと同じになります。ただ満期が短い短期資金に頼っていると、万が一、満期がきた時に借り換えられないリスクがありますから、多少高くても長期金利で資金を調達するインセンティブが生まれます。

いずれにせよ、このように短期金利と長期金利は密接に関係していて、中央銀行が短期金利を動かすと、長期金利も通常は同じ方向に動くわけです。

日銀が短期金利を下げると、ふつうは長期金利も下がり、住宅ローンの金利や銀行が企業に貸し出す時の金利も下がるので、家を買いたい人や事業を起こしたり拡大したい人は安くお金を借りられるようになります。その結果、積極的に借金する人が増えるでしょう。そうすると信用創造により市場に出回るお金が増殖していき、経済が活性化するのです。

もちろんこれが行き過ぎると、銀行からお金を借りて株や土地などを買っているだけでどんどん儲かるので、金が金を生むバブルになってしまいます。そのようなバブルの恐れがある場合は中央銀行は金利を上げて金融を引き締めるわけです。バブルが起こると株の時価総額や土地の値段から計算する国富は増えていきますが、バブルがはじけた時に経済が混乱し、長期的には国富がかえって減ってしまいます。よって中央銀行は、バブルが起こらないように金融政策を運営していく必要があるわけです。

ところで日銀や世界の中央銀行は、なぜ金利の誘導目標をこんな大手金融機関同士の1日だけの貸し借りの金利のような極めて限られた市場の金利に限定しているのでしょうか？

それは市場原理（マーケット・メカニズム）を最大限に働かせるためです。満期まで10年以上もある長期国債や、倒産してしまうリスクのある社債は、民間の金融機関が少しでもリスクを減らして少しでもたくさん儲けようと激しく競争して決まっていくべきなのです。

このようにさまざまな経済情勢を織り込みながら金融商品の値段は決まっていかないといけません。市場原理によりお金という経済にとって極めて重要なものが社会のなかで適切に最適配分されていくのです。日銀も世界の中央銀行もマーケット・メカニズムを極めて重視しています。マーケット・メカニズムがもっとも効率よく資源を配分するということをよく知っているからです。

流動性の罠と非伝統的金融政策

なぜ日銀はデフレという長年の日本経済の病を簡単に治せないのでしょうか？　通常の金融政策は効かないのでしょうか？

日銀がもっとお金を刷れば簡単にデフレなど解決するじゃないかと思った人も多いことでしょう。実際にそのように主張する経済学者もいます。しかし現在のような短期金利がゼロの状態では、日銀ができることはじつはあまりないのです。日本経済は「流動性の罠」というやっかいなものにはまりこんでいるからです。

日銀は１９９０年の土地バブル崩壊以降の景気後退とデフレを止めるために金利をどんどん下げていったのですが、２０００年ごろにはとうとう短期金利がほぼゼロになってしまいました。このように金利をゼロにして景気回復と物価の上昇をずっと待っています。これがゼロ金利政策です。

金利はゼロより下げられませんから、短期金利を上げ下げするふつうの金融政策はもう効かないのです。日本は日銀が短期金利をゼロにして、その結果、住宅ローンなど各種金利も非常に低くなっていますが、それでも個人がお金を銀行から借りて家を買ったり、借金で事業を起こしたり、企業が銀行からお金を借りて事業を拡大しようとしないのです。

ゼロ金利政策も日本のデフレにはあまり効かなかったので、日銀は次の手段に出ました。量的緩和政策です。量的緩和政策では日銀当座預金そのものを増やすことを目標としました。日銀当座預金とは民間の銀行が、銀行の銀行である日銀に預けたお金のことで通常は無利子の預金です。民間の銀行は集めた預金に対して一定額のお金を日銀に預けて置かなければいけないという決まり（法定準備金額）があるので、無利子の日銀当座預金は通常はその分の最低限の金額しか集まりません。他で運用すれば銀行はもっと稼げるからです。しかし日銀は短期国債などをどんどん買ってお金を市中の銀行に狂ったように供給しました。民間の銀行は過剰に供給され、運用先がまったくないお金を大量に日銀当座預金口座にブタ積みしていきました（図表３－６）。

このように過剰にお金を日本の金融システムに供給すれば、ゼロ金利で資金需要がなくても、民

図表3-6 法定準備金額と日銀当座預金残高

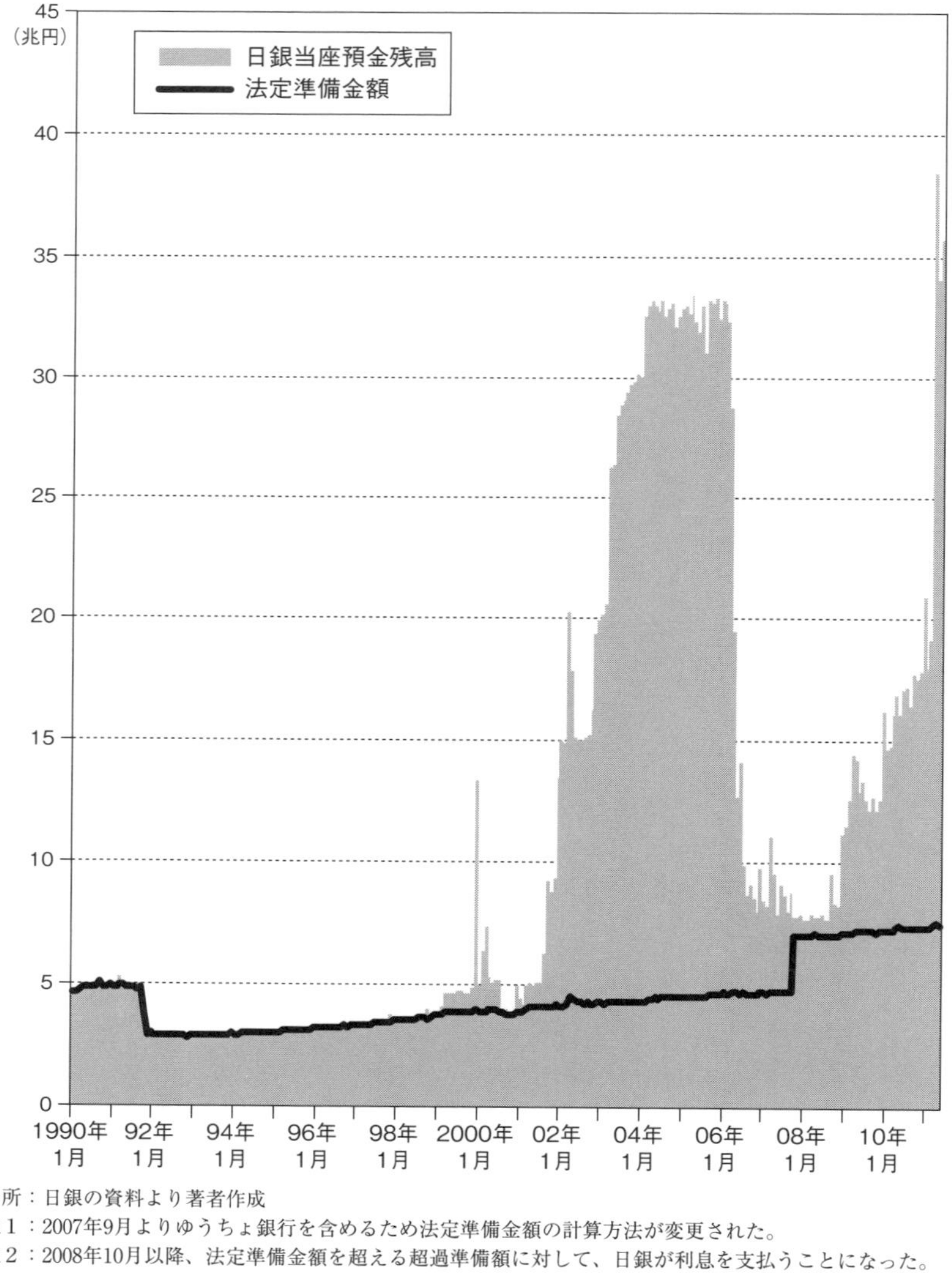

出所：日銀の資料より著者作成
注１：2007年9月よりゆうちょ銀行を含めるため法定準備金額の計算方法が変更された。
注２：2008年10月以降、法定準備金額を超える超過準備額に対して、日銀が利息を支払うことになった。

間の銀行がなんとか運用先を見つけ出し、少しは外に染み出ていくだろうと考えたのです。

ところで、現金を持つコストとはなんでしょうか？　それは金利です。国債を買えば金利を得られるのに、現金で持っていると金利を稼げません。現金を持っているとこの金利の分をいつも損するのです。それでは現金を持つメリットは何でしょうか？

それは流動性です。流動性というのはいつでも使いたい時にお金を使えるということです。現金を持っていたら何かほしいモノがあればすぐに買えます。

しかしゼロ金利の世界では、現金を持っている機会コストがゼロになるという現象が起こります。民間でお金を持っている人や会社も、銀行口座やタンスの中に積み上げておいても金利の損失が出ないので、世の中にお金がぐるぐる回らず、物価を上げないし、景気もよくしないのです。つまり、中央銀行がいくらお金を刷ってお金の量をどんどん増やしても、民間の銀行の日銀当座預金口座に積みあがっていくだけでぜんぜん貸し出しに回らないのです。

このように金利がゼロになって、中央銀行がお金を刷っても何も実質的に変化しない状況を流動性の罠といいます。流動性の罠では中央銀行の金融政策が無効化するのです。

実際に、図表3－7を見ると日銀が狂ったようにマネタリーベースを増やしたのに物価が上がらなかった様子がわかります。このようにゼロ金利の環境では貨幣数量理論の通りに物価は動きませんでした。

図表3-7 日本のマネタリーベース、マネーストック、消費者物価指数の推移

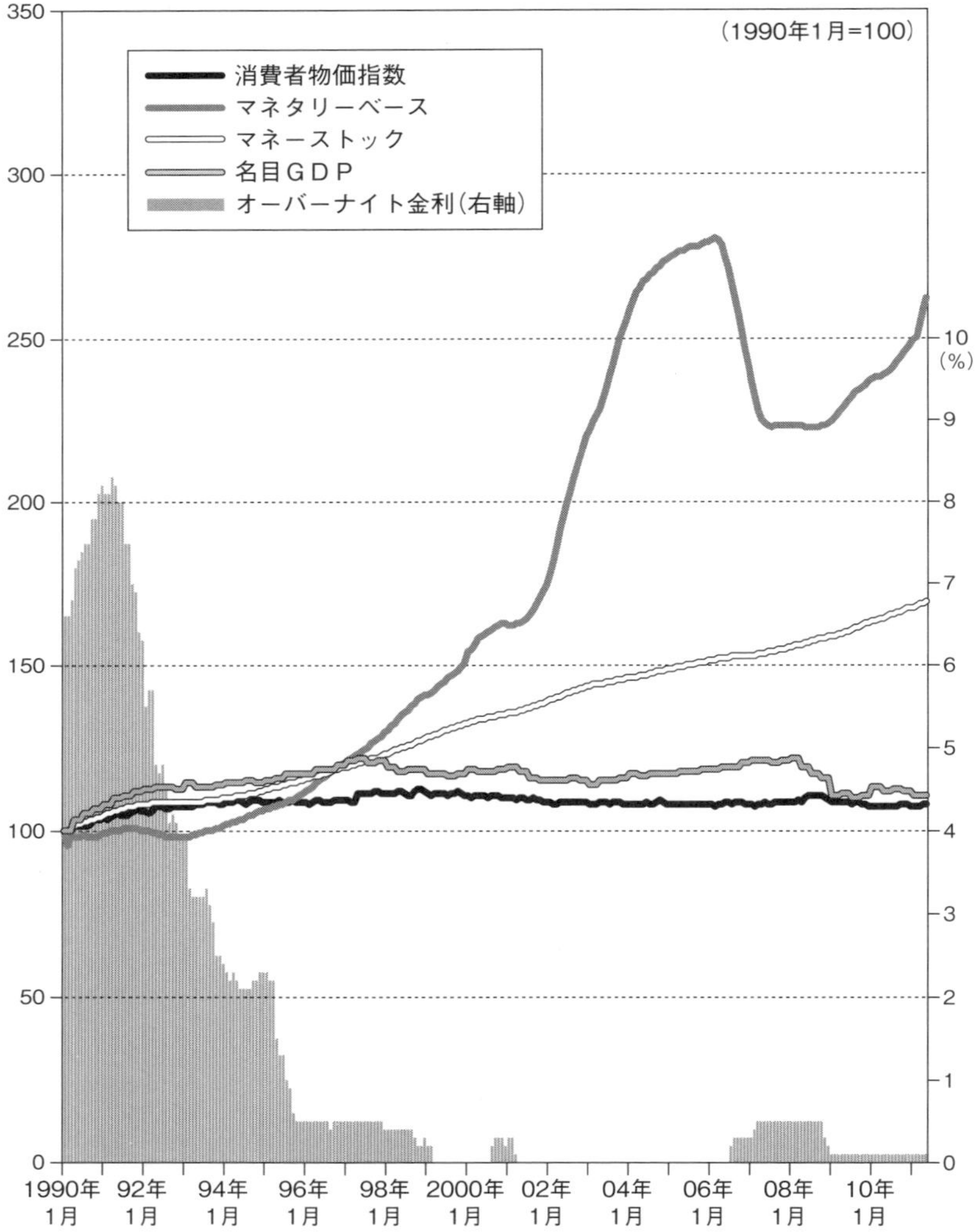

出所：日銀、内閣府、総務省の資料より著者作成

もちろん流動性の罠といってもそれは教科書の中の理論的な話であって、完全な流動性の罠といったものは存在しません。ゼロ金利といってもそれは短期金利の話で、長期金利も住宅ローン金利もゼロではありませんし、世の中の多くの金利が当然ゼロではありません。よってさらに金融緩和をすることは可能です。

短期金利がゼロになった後でも、さらに金融緩和する手段を非伝統的金融政策といいます。これは中央銀行が長期国債を買ったり、株を買ったり、将来もずっと金融緩和を続けると約束したりと、いろいろな方法があります。どれも金利のマーケット・メカニズムを毀損したり、貨幣の信用を損なう危険が大きいなどの副作用がありますし、そもそも効果がない可能性もあります。

デフレを止めることだけが目的ならとても簡単です。極端な話、日銀がトマトケチャップや自動車を直接、大量に買えばデフレは止まるでしょう。しかしそんなことをしても短期的にはトマトケチャップ業者や自動車メーカーは儲かるかもしれませんが、長期的に見れば企業の健全な競争や労働者のモラルを完全に破壊してしまうため、国の経済が崩壊してしまうでしょう。

長期国債を買ったり、株のような国債以外の資産を買う非伝統的金融政策は、日銀に残された数少ない将来の選択肢です。世界同時金融危機の際には、日銀が株や不動産や中小企業債権を直接購入するような過激な金融緩和を実施するべきだという意見がありましたが、もしそういったギリギリの金融政策を実施していたなら、２０１１年３月11日に起こった未曽有の東日本大震災には対応できなかった可能性が高いです。サスペンションが沈み込んだ自動車を運転しているようなものだからです。

常にある程度の余裕を残して置かなければいけないのですが、残念ながら日銀は依然としてゼロ金利でギリギリの状況です。だから多少景気が回復したら、すぐにでも金利を上げたいという日銀の気持ちは、僕はよく理解できます。

中央銀行とは実体経済の動向に合わせてあくまで受動的に物価の安定を目指す独立した機関であって、国民の財産を毀損するリスクの高い政策を勝手に行なうべきではありません。デフレに対して日銀だけを責めるのはちがうのではないかと思います。ゼロ金利政策をしていても、民間企業が積極的に銀行からお金を借りないという日本の投資機会のなさこそが根本的な問題でしょう。

日銀を悪者にして、日銀が金融緩和をすればすべてが解決する、というような単純な論調は時に人気になりますが、実際の問題とはとても複雑なものなのです。

なぜリフレ政策は効かないのか?

一部の経済評論家は日銀がどんどん国債を買って、政府が国債で調達したお金をもっと派手にばらまけば、デフレは止まり日本経済はよくなると主張しています。これをリフレ政策といいます。そしてリフレ派の経済学者は日銀は金融を引き締めすぎているからデフレになる、といつも批判しています。これは半分正しくて、半分間違っています。

日本の金融政策は引き締めになっているのは事実ですが、それは日銀が悪いわけではありません。なぜ日本はゼロ金利なのに金融引き締めなのでしょうか？

経済学を勉強した人は、金利を下げることが金融緩和で、金利を上げることが金融引き締めであるとか、貨幣供給を増やすのが金融緩和で、貨幣供給を減らすことが金融引き締めだと覚えているかもしれません。テスト勉強ならこれでもいいでしょう。しかしこういう定義は金融政策の一面しかとらえていません。金利とは相対的な概念だからです。金融緩和とはGDPの潜在成長率より金利を下げることで、金融引き締めとはGDPの潜在成長率より金利を上げることです。

「潜在」とついているのはその経済が本来持っている実力です。実際に実現される成長率は、この潜在成長率より高かったり低かったりしますし、潜在成長率を直接見ることはできません。

42キロをだいたい2時間30分で走れるマラソン選手でも、途中でつまずいたりしたらちょっと遅れるだろうし、追い風が吹いたりしたらちょっと速くなるかもしれません。この2時間30分というのがこの選手の「潜在的な」実力です。ふつうの状況なら経済は何％成長できるかというのが潜在成長率の意味です。

つまり成長率＞金利の世界では、銀行からお金を借りて事業を起こしたり投資をすると損することもあるし、得することもあるけど、平均的には儲かる確率の方が高いという状況です。逆に成長率＜金利の世界では、銀行からお金を借りて事業を拡大すると全体では損する確率の方が高くなってしまいます。だから中央銀行は景気が悪くなって物価も下がり気味だと金利を経済の成長率より下げて投資意欲を後押ししようとしますし、逆にバブル気味で資産価格がどんどん上がっているような状況では金利を上げるのです。

ところでこの潜在成長率は何で決まるのでしょうか？　これは労働力の質と量をかけたものです。労働者一人ひとりの質、つまり生産性は同じでも、労働者がどんどん増えていくような状況では経済は成長します。また労働者ひとり当たりがより効率的にモノやサービスを生産したり、新しいモノやサービスをどんどん生み出せば、労働者が増えなくても経済は成長します。

生産性を上げるのは民間企業の創意工夫によるイノベーションです。当たり前ですが、官僚や公務員が任天堂のＷｉｉやアップルのｉＰａｄを作ったり、Ｇｏｏｇｌｅのようなサービスをはじめることはないでしょう。また公共の交通機関が発達していたり、光ファイバーなどの通信網が張り巡らされていたり、さまざまな教育や訓練の機会があったりと、よい社会インフラストラクチャーが整備されていたら、国民はより効率的にモノやサービスを生産できるでしょう。

しかし技術の先端にある先進国では、すでにこっちの労働生産性はかなり高いですし、インフラも整備されているので、簡単には労働の質を高めることはできません。そして日本の場合は少子高齢化でどんどん労働者が減っていってしまいます。つまり日本の潜在成長率はどうしても世界の他の国々より低いのです。金利というのは中央銀行が金融政策により潜在成長率を基準に上下させるので、成長率の低い日本は、世界の他の国々よりも低い金利になるのは当たり前なのです。

ここでグローバリゼーションを考えましょう。グローバリゼーションとはヒト・モノ・カネが国境を越えて自由に動き回ることです。それでこのみっつのうちでカネが真っ先にグローバル化されています。今ではどこの国にいても世界中の株や債券を簡単に取り引きできます。世界の中で日本の株や債券に投資する人も、ブラジルや中国の株や債券に投資する人も同じ人なのです。

彼らは日本のほうが成長率が低いといっても、日本の株や債券のリターンが、ブラジルや中国のような新興国の株や債券のリターンよりも低いことを許してくれません。たとえばブラジルの株を買えば1年で10％のリターンが見込めるのに、日本の株の1年3％のリターンに満足することはありえないのです。なぜなら日本株の3％のリターンは、ブラジル株に投資すれば得られたはずの10％のリターンをあきらめて得られるものだからです。つまりこの場合は、日本株の値段が下がりきって（底まで下がれば後は上がるだけなのでリターンは上がる）、ブラジルの株が上がりきる（上がりすぎると次は下がる確率が高くなるのでリターンは下がる）まで、日本株が売り込まれて、ブラジルの株が買われることがわかります。

同じようなリスクの金融商品なら地球でただひとつの期待リターンがすべての国で要求されてしまうわけです。グローバル化された資本市場では株式だけではなく、債券や商品などあらゆる資産に対するリスクとリターンが瞬時に世界中で比較され価格が決定されていくのです。日本の大企業の経営者は高い賃金を日本人社員に払いながらブラジルや中国の会社と同じようなリターン、つまり配当を含んだ利益を投資家から要求されるのです。

次にアメリカの国債と日本の国債のリターンを考えましょう。国債の実質的なリターンは金利からインフレ率（1年で物価が何％上がるか）を引いたものです。これは実質金利と呼ばれます。物価が下がるとお金の実質的な価値は上がるので、たとえ金利がゼロでも国債は高いリターンを稼いでいるのと同じです。

ここでアメリカ国債の実質金利をR_a、日本国債の実質金利をR_j、それぞれの名目金利をI_a、I_j、それぞれの期待インフレ率をK_a、K_jとしましょう。期待インフレ率とは人々が予測するインフレ率です。

$$R_a = I_a - K_a$$

$$R_j = I_j - K_j$$

しかしここでカネだけは完全にグローバル化していますから、両国の国債の期待リターン、つまり実質金利も同じぐらいになるはずです。そうなるまでリターンの低い国の国債が売られて、リターンの高い国の国債が買われます。

この式で考えている将来の予測である期待リターンと、過去にたまたま実現した実現リターンを混同するのはよくありませんが、世界同時金融危機以前10年ぐらいのアメリカ国債の長期金利の平均は4％ぐらいでインフレ率は2％ぐらいでしたし、日本の長期金利の平均は1・5％ぐらいでインフレ率はマイナス0・5％ぐらいだったので、実現した実質金利は両方ともぴったり2％ぐらいで一致しています。

ところで投資家からみればこれはリターンですが、お金を借りて事業を興したり投資をする人から見ればこれは負債コストです。債券の投資家のリターンである金利と経営者が支払う負債コストはコインの表と裏です。

さて、ここでアメリカと日本の潜在成長率をG_a、G_jとしましょう。また、経済に中立な実質金利をR^n_a、R^n_j、そのときの名目金利をI^n_a、I^n_jとします。金融引き締めでも金融緩和でもない中立な金融政策とは、金利と成長率を同じぐらいになるように誘導することです。つまり中立な金融政策では実質長期金利と潜在成長率が等しくなればいいでしょう。

$$G_a = R^n_a = I^n_a - K_a$$

$$G_j = R^n_j = I^n_j - K_j$$

しかしマーケットで債券の投資家に求められているリターンは両方とも同じで$R_a = R_j$でないといけません。ところが人口の減っていく老いぼれ国家の日本とアメリカのような人口も増えてどんどんイノベーションを生み出す国では成長率は違いますから当然、次のような不等式が成り立ちます。

$$G_a > G_j$$

またここで元に戻りますけど$R_a = R_j$になるように市場の投資家から常に圧力を受けるわけです。

つまり、現実には次のような関係になるわけです。

$G_a > R_a$

$G_j < R_j$

要するにアメリカは常に成長率＞金利の世界で、日本は常に成長率＜金利の世界なのです。これは日本には慢性的な金融引き締め圧力で、アメリカには慢性的な金融緩和の圧力がかかることを意味します。アメリカや新興国がずっとバブル気味だった時に、日本はずっとデフレだったのもうなずけますね。

そして日銀のゼロ金利政策や量的緩和は、日本の物価は上げませんでしたが、このように世界の金融マーケットに出ていき、アメリカの住宅バブルを後押ししたといわれています。世界同時金融危機の後は、アメリカの量的緩和が新興国のバブルを加速させ、資源価格や食料価格の高騰を招いている可能性があります。

「潜在成長率の相対的に低い国にはカネのグローバル化から常に金融的なデフレ圧力がかかり続けるのです」

アメリカと日本では人口増加率が2％ぐらい開いていますし、アメリカにはシリコンバレーのようにイノベーションが起こるしくみがたくさんあります。そしてニューヨークには世界最高の金融センターがありますし、ハイリスクなベンチャー企業に投資をするスーパーリッチな個人がたくさんいます。生産性を高める力も1％ぐらいは開いていてもおかしくないでしょう。つまり人口と生産性で、アメリカと日本の潜在成長率のちがいはどんぶり勘定で3％もあるのです。中立から1％金利を引き締めると大体物価は1％下がりますし、逆に1％金利を下げると大体物価が1％あがります。

アメリカと日本の実質長期金利が同じだとすると、相対的な金融緩和と金融引き締めの格差によりインフレ率に3％も差が出ることがわかります。ということはアメリカのインフレ率がプラス2％だと、日本のインフレ率はマイナス1％ぐらいになってしまいます。2008年以降はアメリカも超低金利に突入していますしデフレ気味なので、それより3％デフレ気味になると考えると日本のデフレはなかなか解決しないと思えます。

そういう意味で日本の慢性的な経済の停滞を解決したいならばボウリングの一番ピンはデフレをなおすことではなく、潜在成長率を上げることなのです。デフレは経済の停滞の原因ではなく結果です。デフレからの脱却はボウリングでいえば最後に倒れるピンです。

ヒト・モノ・カネの中でカネだけが完全にグローバル化していますし、モノも日本は資源のない貿易立国なので農産物のような政治力が強いところ以外はかなりグローバル化しています。ところがヒトだけはまだぜんぜんグローバル化していないわけです。ヒトは簡単に住む国を変えないからです。思考実験として、ヒト・モノ・カネが完全にグローバル化する世界を思い浮かべれば、それは経済的には国境が完全になくなるということといっしょなので、潜在成長率の差も消滅して、デフレも解消されていることでしょう。

それではどうやって潜在成長率を上げればいいのでしょうか？　人口が同じだったら生産性を上げるしかありません。生産性を上げるには不必要な規制を撤廃して民間企業がどんどん自由な競争をするしかありません。お役所の公務員や政府に守られている官営企業が切磋琢磨してイノベーションが生まれることはありえないでしょう。先進国でさらにテクノロジーのフロンティアを切り開いていくのは、優秀な起業家であり、そういう起業家を育てる洗練された金融システムなのです。

ところが日本では、成功したベンチャー企業の経営者を格差格差と騒いでつぶしたり、ヘッジファンドや投資銀行をマネーゲームだハゲタカだといって追い出そうとしたりで、むしろ自ら潜在成長率を下げるようなことばかりやっているのです。また現在の農業や医療や教育のように規制と既得権益でガチガチにしばられている分野は、少し規制緩和してどんどん企業が参入できるようにするだけで、いっぺんに生産性が向上するでしょう。イノベーションは最先端のハイテク分野だけの話ではありません。

ここまで読めば、なぜ少々のリフレ政策が日本の慢性的なデフレを解決できないのか理解できたでしょう。リフレ政策は国債を大量発行して、それを日銀が買って国民にばらまくというものでした。気づいたと思いますが、これは日本の失われた10年の間に自民党の政治家がずっとやっていたことそのものです。その結果どうなったでしょうか？　物価は慢性的なデフレで、経済はまったく成長しませんでした。そして途方もない国の借金がつみ上がっただけです。ゼロ金利では多少お金をばらまいてもデフレは止まらないのです。そしてばらまきとは古い生産性の低い既得権益層を温存して、新しい高成長分野の芽を摘み取ることに他なりません。ばらまきにより潜在成長率が毀損され続けるわけです。

流動性の罠の状況では、少々お金をばらまいてもほとんど効果はありませんでしたが、だから、もっと狂ったようにむちゃくちゃばらまけばいいという、過激なリフレ論もあります。現在の法律ではもちろんできませんが、仮に毎日毎日ヘリコプターで大量の一万円札をまき続ければ確実にインフレになるでしょう。しかしそのようにデフレを解決することは、いいことなのでしょうか？

ジンバブエみたいに独裁者が勝手にお札を刷りまくって自分の好きなように使っているところでは誰もお金を信用しなくなります。円がこれだけ信用されているというのは、日本のような先進国で、まさかジンバブエみたいなことは起きないだろうとみんな思っているからです。いくらなんでもアメリカやイギリスや日本のような経済力のある先進国で、ジンバブエみたいな財政破綻は起こらないだろうと今のところはみんな思っています。先進国の国債というのは基本的には安全資産なので、デフォルト・リスクというのはよっぽどのことがない限り国債の価格には織り込まれません。

財政赤字も臨界点に達すると、政府の借金を返すために借金して、その借金を返すためにまた借金して、しかも信用がなくなっているから金利もどんどん上がっていくので、借金が指数関数的に発散してしまいます。こうなると中央銀行は自国通貨をコントロールできなくなるので、おそろしいインフレになるでしょう。物理学の言葉でいう相転移が起こります。経済の言葉でいえばハイパー・インフレーションです。貨幣供給量とモノとサービスの需要と供給で決まる物価水準とはまったくちがう信用破壊メカニズムです。

マスコミは政府の借金が増えて財政破綻、財政破綻と騒ぎますが、実際のところそこまで危機的な状況ではありません。日本国政府は借金もたくさんありますが、いろいろな資産をたくさん持っています。それに日本国民も莫大な貯金を持っているので、政府はまだまだ赤字国債を発行できます。政権交代を実現した民主党は無駄を省いて赤字国債を減らすといっていましたが、あっさりと公約を破って過去最大の赤字国債を発行し続けています。東日本大震災の莫大な復興費用でさらに赤字国債を発行しなければいけないでしょう。

この調子で赤字国債を毎年50兆円ぐらい発行しても、あと2、3年はおそらく平気でしょう。いざとなれば消費税を30%ぐらいにして、借金の発散を食い止めることができる、と日本国債の保有者は考えているからです。

しかしそれでもこんなことをずっと続けていてはいつかは国債を発行できなくなるわけですから、日本国政府の現在の政策は将来の重税を決定づけ、将来の国民の選択肢をなくしていることだけは確かです。

第4章
グローバリゼーションで貧乏人は得をする

Truth exists, only falsehood has to be invented.
Georges Braque

真実はそこにある。
作り出さなければいけないものは偽りだけだ。
ジョルジュ・ブラック

グローバリゼーションは自然現象

世界はこの数十年の間に急速なグローバリゼーションを経験し、今もグローバリゼーションが加速しています。グローバリゼーションには光もあれば影もあります。多国籍企業の工場が建設され、職がもたらされ、生活水準が上昇している途上国の労働者や、商品を非常に安く買えるようになる先進国の消費者が光の部分であれば、日本を含む先進国の単純労働者の賃金低下や失業、格差の拡大が影の部分でしょう。

このようにグローバリゼーションはさまざまな社会の変化を引き起こし、その是非が盛んに議論されていますが、最初にはっきりいっておきたいことは、いくらグローバリゼーションの影の部分を強調したり、いくら規制を強化しようとしたところで、このグローバリゼーションの流れは絶対に止められないということです。なぜならそれは熱力学の第2法則をやぶれといっているに等しいからです。そしてこれから説明するように、経済のグローバリゼーションでは影の部分より光の部分の方がはるかに大きいのです。

熱力学の第2法則は誰もが体験している物理現象です。水槽をふたつくっつけて片方には90度の熱湯を入れて、もう片方には10度の冷水を入れてほうっておけば、熱が温度の高い方から低い方に移動して、やがて両方の水槽の温度が同じになります。しかしこの逆は絶対に起こらないというのが熱力学の第2法則です。つまり温度が50度のお湯をふたつの水槽に入れておいても、時間がたつと片方が90度になって、もう片方が10度になっているということは起こらないのです。

別の例ではコーヒーにミルクを入れてかき混ぜるところを思い出してください。コーヒーの漆黒とミルクの白はやがて混じり合い、しばらくすると鮮やかな茶色になります。しかし茶色のラテが時間がたつと黒いコーヒーと白いミルクに分離しているということはありえません。一度混ざったものは元に戻らないのです。死んだ人が生き返らないのも熱力学の第2法則です。時間の矢はひとつの方向にしか進んでいきません。

それでもこのグローバリゼーションを止めようと思うなら、日本は徹底的に鎖国するしかありません。しかし多くの資源を輸入に頼り、自由貿易で富を築いてきた日本がそのような選択をすれば、国民全体があっという間に貧することになるでしょう。日本はグローバリゼーションの流れにうまく乗って生きていくしかないのです。世界から孤立することは文字通りの自殺行為でしかありません。

現在、世界の国々の経済は急速にグローバル化しているわけですが、これは世界のヒト、モノ、カネがカップの中のコーヒーとミルクのように複雑に混じり合っているプロセスなのです。そして、この経済現象を支配しているのが一物一価の法則です。人々の賃金に関していえば、同一労働同一賃金の原理が全世界的に広がっているのです。

物理学では熱は高いところから低いところに流れ、やがてすべての温度が一定になります。経済学では同じモノがちがう場所でちがう値段で売られていたら、安いところで買って高いところで売るという単純な経済活動によって儲けが出るので、やがて同じモノならひとつの値段に収斂していくのです。現在のように交通機関が発達し、インターネットで瞬時に情報が地球の裏までいくような時代では、この収斂のスピードが一段と速まっているのです。テクノロジーの発達がグローバリゼーションを加速させています。

もちろん物理現象とはちがうこともあります。幸いなことにそのちがいこそがグローバル経済のすばらしいところを照らし出します。経済のグローバリゼーションで、世界中の土地や労働力や天然資源などがより効率的に使われるようになるので、世界全体の富のパイは必ず増加するのです。確かにグローバリゼーションで富める者はもっと富んでいき格差が開く可能性はありますが、それによって底辺も同時に押し上げられていくのです。

日本で労働者に月30万円の給料を払って洋服を作っていた会社が日本の工場を閉鎖して、中国で月1万円の給料で洋服を作ってそれを日本に輸入して売るわけです。だから日本で高い給料をもらっていた人は失業して、逆に中国で仕事がなかった人に職がもたらされるのです。ところが、中国の労働者がどんどん豊かになっていき月1万円では働いてくれなくなって、逆に日本の失業者がもっと安い賃金でも働きたいと思いはじめるかもしれません。そして洋服を作る人の給料が中国でも日本でも月5万円ぐらいに落ち着きます。このような同一労働同一賃金の圧力が世界中のあらゆる労働者にかかっているのです。

しかし先進国の労働者がこのような賃金低下を避けるいい方法があります。途上国の労働者がまねできないような付加価値の高い仕事をするか、サービス業のような簡単に輸入できない仕事をするかです。

単純労働で簡単な工業製品を作るような分野では、日本のような先進国が中国などの新興国と競争しても勝てる見込みはないので、早晩そういった業種からは撤退するべきでしょう。そして途上国では作れない高度な製品に特化したり、医療や教育などのサービス産業に労働力をシフトさせていくことが重要です。そうすることによって途上国の労働者も先進国の労働者も双方ともに利益を得ることができます。

交通機関の発達や通信手段の発達によって、グローバル資本主義というパンドラの箱は完全に開いてしまいました。このグローバリゼーションは止まることはありません。なぜならグローバリゼーションは政治思想でも経済政策でもなく自然現象だからです。

グローバル資本主義は既得権益を打破し、国籍や肌の色や宗教に関係なく、世界中の努力を怠らない個人に光を照らし続けるでしょう。

先進国が発展途上国を搾取しているわけではない

アフリカの多くの国々が最貧国です。アジアにもカンボジアや北朝鮮のような最貧国があります。南米にもボリビアのような非常に貧しい国があります。世界の最貧国では生まれてくる赤ちゃんは劣悪な衛生環境で次々と死亡します。飢饉で国民が餓死することもあります。また、独裁政権による虐殺や国内での内紛も絶えません。

こういった貧しい国々は世界の先進国に搾取されているから貧しいのだという考え方もあります。以前、NIKEのアジアの工場で未成年労働者がいたことが大問題になったことがありました。そこでもNIKEのような多国籍企業が途上国を搾取しているとのイメージができあがりました。

しかしそういったことは、じつは事実とまったく反しています。多国籍企業に比較的安い賃金で雇用されることが「搾取」というなら、今、世界で急速に成長し豊かになっている発展途上国はむしろ搾取されているからこそ豊かになっているのです。インドや中国、最近ではベトナムなどは、安い労働力が目当ての多国籍企業がどんどん進出したからこそ先進国の技術や資本が移転して豊かになっていったのです。その点、アフリカや東南アジアの最貧国はこういったグローバルな市場経済に組み込まれず、取り残されているからこそ貧しいままなのです。

ここで簡単な思考実験をしてみましょう。たとえばアフリカの最貧国のひとつかふたつが明日この地球上から消滅してしまったとしたらどうなるのでしょうか？　一部の先進国や多国籍企業が搾取しているからこそ、これらの国々は貧しいのだとすれば、搾取される人々がいなくなったら何か困りそうなものです。想像力を働かせてよく考えてみてください。

そうです。アフリカの最貧国がひとつ明日なくなっても、世界の先進国もグローバル経済もまったく何の影響も受けないのです。つまり貧しさの一番の理由は、世界の貿易体制に組み込まれていないことなのです。

最貧国で生まれても養子や孤児としてアメリカなどの先進国で育ち成功する個人もたくさんいますから、最貧国が貧しいままなのはその国民のDNAのような生物学的問題だというのもまったく的外れでしょう。実際問題として最貧国がなかなか這い上がれないのは、一にも二にも行政や司法が腐敗しているからです。一部の政治家や役人や軍人が自分やその身内だけで富を独占し、自分たちの権力を脅かしそうな自国民を見つけては次々と虐殺しています。市場経済とはじつは大変デリケートなもので、しっかりとした法治国家でないと機能しないのです。

ちょっと考えてもらえばわかると思いますが、人のものを盗んだり、約束を簡単に破ることが当たり前の世界では、貨幣を使った市場経済はうまくいかないことが容易に想像できるでしょう。そういった国ではマフィア経済か、独裁者が統制する経済しか生まれません。

また、同じことは先進国内の格差でもいえます。貧しい人が貧しいのは、金持ちが搾取しているからではありません。多くの貧しい人は失業しているのだから、むしろ企業などに使ってもらえないから貧しいわけです。

もちろん、だからといって貧しい国をほうっておいていいわけでも、日本の中の貧困問題を放置していいわけでもありません。実際、世界の先進国は最貧国を救うためにさまざまな援助をしています。日本だって経済的に貧しい人や地域にさまざまな補助が税金から支払われています。

しかし貧困問題の矛先を金持ちや大企業に向けることはまったくもって何も問題を解決しないのです。イギリスの元首相のサッチャーが言ったように、金持ちをいじめて貧乏にしても、もともとの貧乏人はもっと貧乏になるだけなのです。

発展途上国を本当に搾取しているもの

それでは発展途上国、そして最貧国の人々をどうやったら豊かにできるのでしょうか？

手っ取り早い方法は、すぐれた技術を持つ多国籍企業が工場を作ることです。たとえば日本のユニクロのような企業を見てみましょう。衣服のデザインは世界でトップクラスの一握りのデザイナーにより行なわれます。そういった衣服が人件費の安い途上国で大量に作られます。このことによって途上国に技術が移転します。また、途上国に雇用が生まれます。このような多国籍企業の工場で雇われる労働者は、自国のその他の就労機会に比べれば非常に恵まれていることが多いのです。

途上国から輸出された衣服は、先進国で売られます。外貨がもたらされた途上国は、自国で道路や鉄道や発電所などのインフラストラクチャーを整備することができます。

ここで発電所などを受注するのは先進国のハイテク・メーカーです。そしてこのような大きなプロジェクトにお金を貸したりするのが国際的な金融機関の仕事です。もちろん忘れてはいけないのは、先進国の国民は極めて安価な値段で良質な衣服を買うことができるという大きな恩恵を受けることです。

このように、多国籍企業や国際的な金融機関の活動は途上国にも先進国にも大きな利益をもたらします。もちろん多国籍企業の経営者や株主は慈善事業が目的ではありません。自分たちの利益を追求しているだけです。ユニクロの創業者の柳井正さんは1兆円近い資産を有する世界的な金持ちになりました。柳井さんは貧しい人々を搾取しているのでしょうか？　もちろん答えはノーです。ユニクロは途上国の貧しい人々を助けているのです。

しかし本当に全員が全員ハッピーかというと必ずしもそうではありません。日本国内で衣服の製造に関わっていた工場は競争力を失い、そこで働いていた人たちは一時的に職を失うかもしれません。ユニクロの場合は、もともと日本では衰退していた繊維業だったのであまり大きな問題は起きませんでしたが、時としてこのように痛みを受ける人たちの政治活動は先鋭化します。

基本的にグローバルな自由市場経済は大多数の人に恩恵をもたらしますが、先進国側の一部の人々に都合が悪いことがあって、彼らが族議員や御用学者とくっついて大きな政治力を持つのです。これが既得権益です。そしてひとつの典型的な例が先進国の農業です。

途上国の中でも特に貧しいのは農家です。途上国の農家の人々の人件費は非常に安いし土地もたくさん余っているので、先進国のすぐれた農業技術を移転して、そこで作った食料を先進国に輸出すれば、途上国と先進国の双方に大きな利益をもたらすことは明白です。ところがそうなると競争できない先進国の農家とそこに群がるさまざまな利権が、決してそういうことが起こらないように規制でがんじがらめにしています。

途上国から非常に安価で良質な食料が自由に日本にやってくれば、生活のための必要最低限のコストは大きく下がるので、生活保護などの社会保障に必要な税金も大きく下げることができます。そして貧しかった途上国の農家の人々もじょじょに豊かになっていくのです。そうやって豊かになった途上国の農家の人々が今度は日本からいろいろな製品を買うでしょう。農業の自由化は途上国にも先進国にも大きな利益があるのです。

現在、不況だ不況だといわれていても、介護などの分野では日本はまだまだ人手不足です。保育園などは未だに行列ができていて共働きの夫婦が十分なサービスを受けられない状況になっています。サービスを受けるのに行列を作らなければいけないのは社会主義時代のソ連のようですね。これらも規制が強くて市場経済がうまく機能していないからです。

このように介護や育児に必要なサービスが日本では大変不足している一方で、東南アジアの国々では日本で一生懸命働きたいといってくれている人々がたくさんいるのです。彼女たちがどんどん日本にやってくれれば、親の介護をするために仕事をやめなければいけなくなる人もいなくなるでしょうし、保育園のサービスも充実して共働き夫婦も安心して働けるようになるでしょう。

しかしここでもまた日本国政府はどういうわけか時代遅れの規制を放置して、東南アジアからの看護師等の人材を受け入れることにも消極的なのです。おかしな規制さえ取り払えば、介護や育児のサービスは日本では大きなビジネスになりうるのです。この分野でがんばるベンチャー企業の中からユニクロの柳井正さんのような億万長者が生まれてくるかもしれません。

結局のところ、途上国の発展を妨げているひとつの要因は、このように先進国の一部の既得権益なのです。彼らが「強欲な金融資本主義から日本を守る」「日本独自の伝統を大切にする」「食の安全」などという耳ざわりのいいことをいって真実をねじ曲げ、偽りを作り出しているのです。

比較優位の原理と自由貿易によりWin-Winの関係が生まれる

比較優位の原理は世界の自由貿易を考えるうえでとても重要な考え方です。ここでは比較優位の考え方をマスターしましょう。比較優位を知らずに経済を語るのはとても恥ずかしいことです。

ところで国家間の自由貿易と企業間の競争をごちゃ混ぜにすると大きな誤解を招いてしまいます。規制のない業界では、企業同士はマーケットの食い合いで、激烈な競争にさらされています。ある意味、同業者同士の競争は限られた顧客を奪い合うゼロサム・ゲームであり、まさに経済戦争という言葉が似つかわしいものです。しかし同じロジックで国を会社のように見立てて、国家間が輸出を通して外貨を稼ぎ、輸入を制限して外貨を国内に貯めるというような競争を演じていると考えると、非常にあやまった議論になってしまいます。

残念ながらテレビによく出てくる評論家にもそのことがよくわかっていない人がいたりするので困ったものです。元経営者や元会計士で経済評論家になった人は、国の経済を会社の損益計算書と同じロジックで理解しようとするので、たまにヘンなことをいったりします。

それでは、先進国と途上国という仮想的なふたつの国で、工業製品と農産物という仮想的なふたつのモノを作っているとしましょう。先進国の人口は1000人で途上国の人口は2000人だとします。工業製品を1単位作るのに先進国では1人必要ですが、途上国は教育水準が低かったりして生産性が低いので10人必要だとします。工業製品に関しては先進国は途上国の10倍の生産性があるわけです。また、農産物を1単位作るのに先進国では2人必要ですが、生産性の低い途上国では4人必要だとしましょう。農産物も先進国が勝っていて生産性は途上国の2倍です。

最初に、貿易を行なわずに、それぞれの国が別々に工業製品と農産物を作っている場合を考えましょう。先進国では、750人を労働させて750単位の工業製品と、残りの250人を労働させて125単位の農産物を作っています。途上国では、1000人を労働させて100単位の工業製品と、残りの1000人を労働させて250単位の農産物を作っています。つまり、世界全体では、

850単位の工業製品と、375単位の農産物が生産されることになります。先進国は工業製品も農産物も両方とも途上国より効率的に作れるのだから、途上国と貿易しても意味がないように思われます。

次に、先進国で1000人の人口すべてを工業製品の生産に振り分けてみましょう。この場合、1000単位の工業製品が作られます。そして、途上国では2000人の人口すべてを農産物の生産に振り分けましょう。この場合、500単位の農産物が作られます。世界全体では、1000単位の工業製品と、500単位の農産物が生産されることになるので、各国がそれぞれ自国内の相対的に生産性の高いもの（比較優位な産業）に特化して生産した方が世界全体では生産性が上がることがわかります。

先進国と途上国で工業製品と農産物を別々に作り、自由貿易により工業製品と農産物を交換した方が全体のパイが増えるのです。途上国は先進国に対して、工業製品、農産物の両方の生産性で劣っているにもかかわらず、比較優位に特化して、それ以外のものを輸入した方がよいのです。同じことは先進国でもいえます。自由貿易とはゼロサム・ゲームではなく、お互いの利益のためにやるものなのです。

比較優位の原理はよくアインシュタインと秘書の関係で説明されます。アインシュタインはタイピングも研究も秘書よりも得意かもしれませんが、秘書にタイピングをまかせてアインシュタイン

図表4-1 比較優位の原理

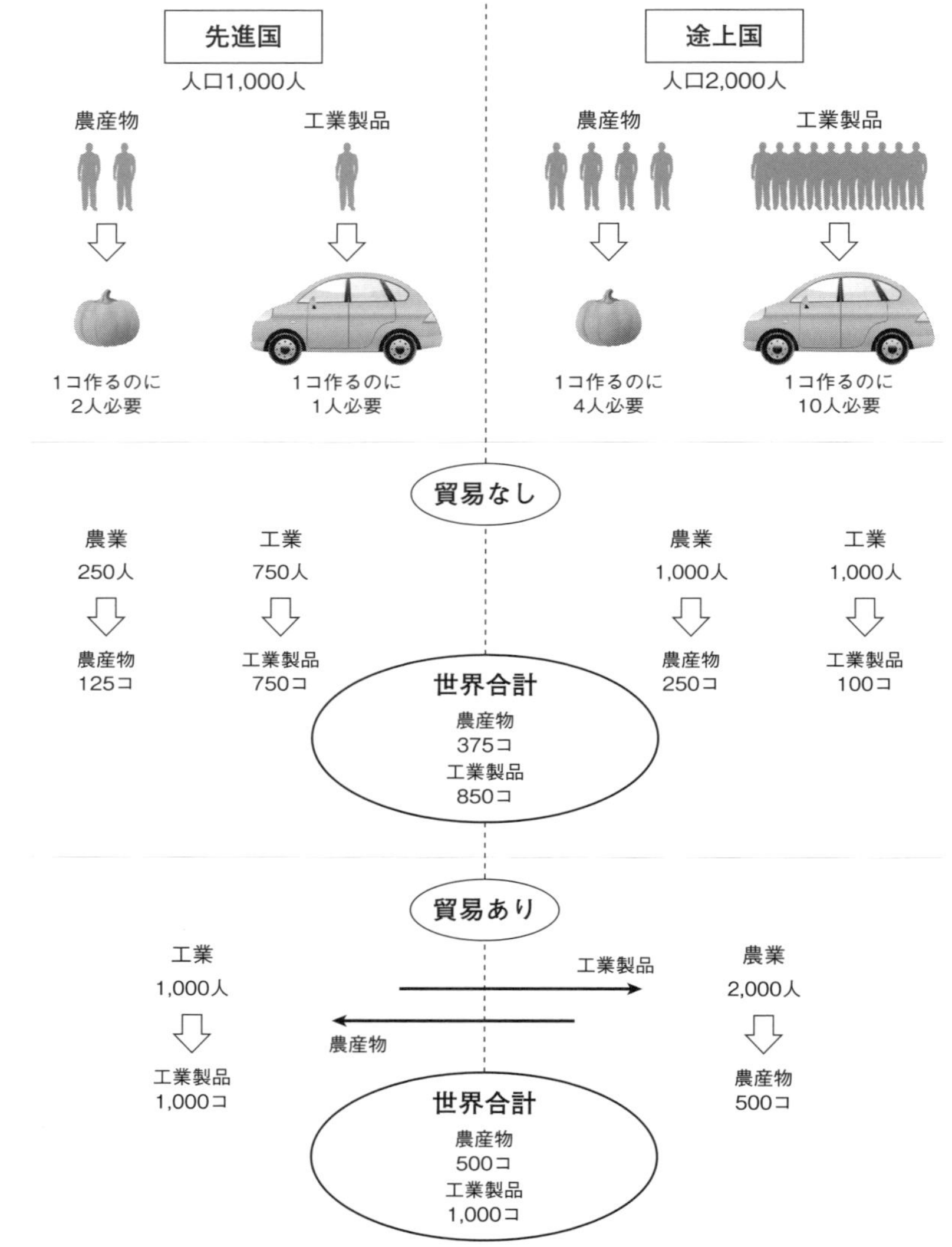

がすべての時間を研究に集中する方が効率がよくなります。

会社でも、たとえば営業成績トップの人が社長になって、その後も相変わらず営業に口を出したりしていると、大体、会社は傾きます。当然、この社長は部下のセールスマンよりも営業が得意なわけですが、自分で営業に関わっている間に、本来の社長の仕事である「マーケットを冷静に読み、儲かるビジネス・モデルを構築する」という方がおろそかになってしまうからです。

これが200年以上前にデヴィッド・リカードが発表した比較優位の原理です。その後、さまざまな形に一般化され国際経済学の根幹となっている考え方です。実際に現在栄えている国というのは自由貿易を積極的に行なっていることがよくわかるでしょう。シンガポールや香港、台湾、韓国といったアジアの国々は、自由貿易の力を使って近年、飛躍的に成長しました。もちろん日本も自由貿易の力によってここまで豊かになったことはいうまでもないでしょう。

経済合理性を追求するならば、日本のような土地が馬鹿高い国で、農業を無理やりがんばってもあまり意味がありません。途上国からたとえば米を輸入すれば、それは土地を輸入していることでもあるので、日本の多くのサラリーマンの住居環境も改善するでしょう。また、途上国も外貨を獲得できてどんどん豊かになっていきます。

もちろん安全保障問題は戦略的に考える必要はありますが、輸入の規制はほとんどの場合、特定業者を守るための政治活動であり、その他全員の国民から巧妙に富を盗んでいるだけなのです。

貯蓄・投資バランスでわかる貯蓄と貿易黒字の関係

それでは国際経済学を勉強するための基本である、貯蓄・投資バランスを勉強しましょう。経済ニュースなどではこういった統計データが頻繁に出てきます。言葉の定義を把握すれば、さほどむずかしいことではありません。まず最初にGDP、つまり国内総生産の恒等式を思い出しましょう。

GDP＝民間消費＋民間投資＋政府支出＋輸出−輸入

国内総生産（GDP）は、日本に住んでいる人が生み出したモノとサービスの合計金額です。ここで国内で生産されたすべてのモノやサービスの行き先を考えましょう。国内で民間に消費された分（民間消費）、将来のさらなる生産のために国内に投資された分（民間投資）、政府が購入したり公共事業に投資された分（政府支出）、余って外国に輸出した分です（輸出）。GDPとは「国内」で生産されたモノとサービスの合計というのが定義ですから、「民間消費＋民間投資＋政府支出＋輸出」の中には外国で生産されて国内に入ってきた分（輸入）も含まれていますので、最後にそれを差し引きます。

GDPの三面等価から、これは日本国に住んでいる人全員の所得の合計でもあり、また支出の合計でもあります。

ここで国内の民間貯蓄は国内所得（ＧＤＰ）から税金を引いた可処分所得のうち消費されなかった分、と定義します。

民間貯蓄＝（ＧＤＰ－税金）－民間消費

これにＧＤＰの式を代入して、変形してやると次のようになります。

民間貯蓄＝民間投資＋（政府支出－税金）＋（輸出－輸入）

⇩

（民間貯蓄－民間投資）＋（税金－政府支出）＝輸出－輸入

最後の式の（民間貯蓄－民間投資）は民間の資金過不足を表します。次の（税金－政府支出）は財政黒字、つまり政府負債の反対で政府貯蓄です。税収より少ない分しか使わなかったらそれは政府貯蓄になります。これは政府の資金過不足を表しています。

最後の（輸出－輸入）が純輸出です。外国に売ったモノとサービスの合計から外国から買ったモノとサービスの合計を差し引いたものです。貿易・サービス収支ともいいます。日本の純輸出は外国の純輸入です。外国は生産する以上のモノやサービスを買えば、それだけ資金が不足します。この場合、日本の資金が余ります。つまりこの（輸出－輸入）は、外国の資金過不足を表しているのです。

民間と政府の貯蓄、民間と政府の投資をまとめると、次のような関係式が導けます。

貯蓄－投資＝輸出－輸入

国内で貯蓄されて、国内へ投資されなかった分は、海外への純投資になります。貯蓄超過で国外に出ていったお金を使って、外国の国々は日本からモノやサービスを買って、それが純輸出になるというわけです。つまり外国との貿易が黒字というのは、国内の貯蓄超過とコインの表と裏の関係にあるのです。逆に外国との貿易が赤字だと、外国からお金を借りて、国内で貯蓄した以上に使ったということになります。これが貯蓄・投資バランスの恒等式です。

つまり輸出の方が輸入より多くて黒字だと、その分のお金は必ず海外に投資されていることになります。たとえばアメリカにたくさん車を輸出すると、車の対価としてドルを受け取ります。これはアメリカ政府が発行するドル証書に投資したと考えます。そのドルでアメリカの株を買ってもいいですし、アメリカの国債を買ってもいいでしょう。逆に輸入の方が輸出より多くて赤字だと、必ず海外から日本に投資されているということになります。

貿易・サービス収支の黒字と貯蓄超過はコインの表と裏の関係があって、貿易・サービス収支が

図表4-2 日本の投資・貯蓄バランスの推移(対GDP比)

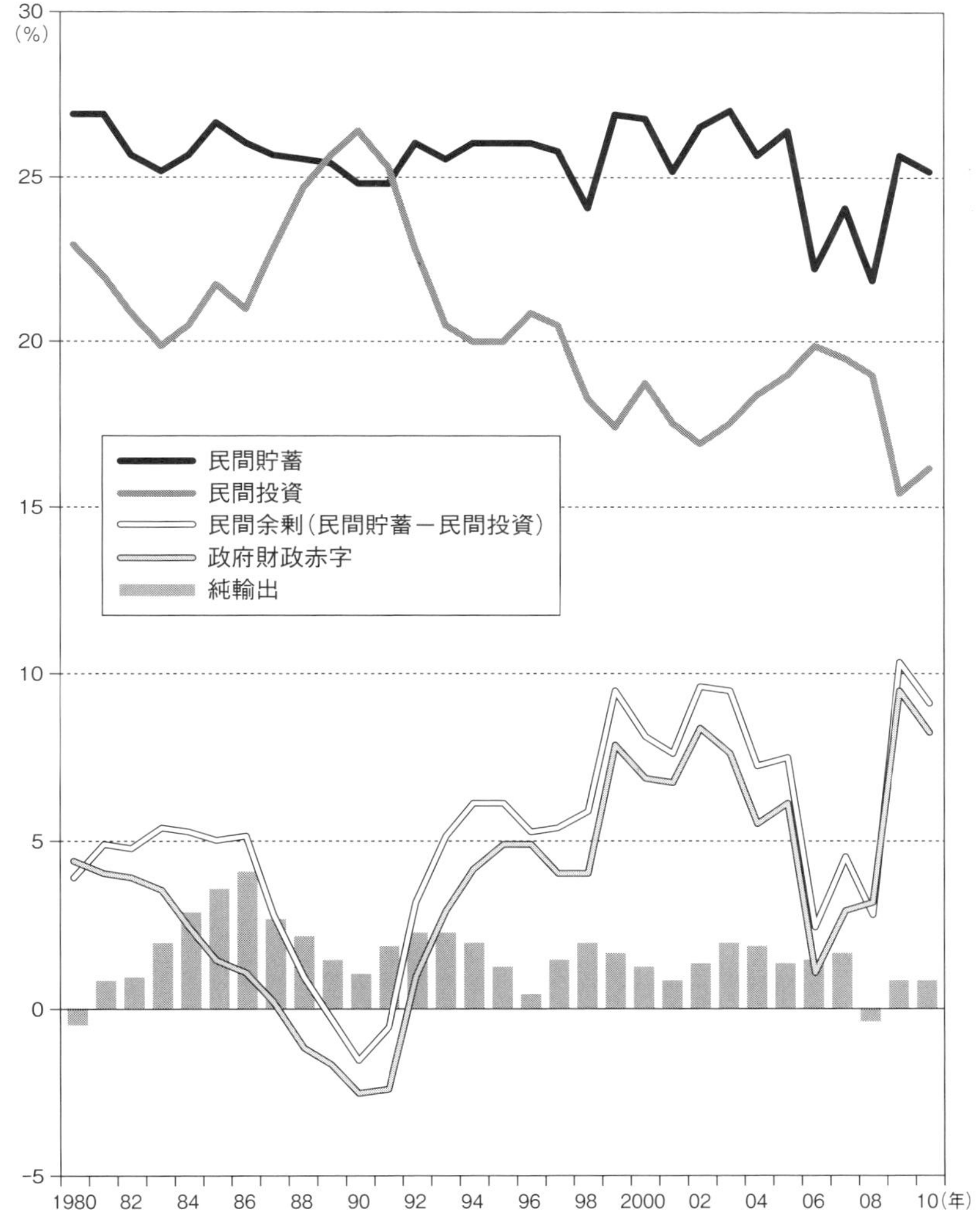

出所:内閣府の資料より著者作成

プラスなのに海外から資金が流れ込んでいるとか、逆に貿易・サービス収支がマイナスなのに海外への投資が海外からの投資より多いというのはありえないのです。

世界を日本と外国のふたつに分けると、日本の輸出が輸入より多いということは、日本は自国で使われる以上のモノやサービスを生み出したということで、それは外国が買ったということです。外国が買うには日本からお金を借りたり、日本から投資してもらったりして資金を調達しないといけません。この場合、外国は自分で稼いだ以上にモノやサービスを使ったので、その分のお金を日本から借りたり投資してもらったりして調達したわけです。

中国などは莫大な貿易黒字を計上していますから、そうやって生まれた過剰貯蓄は、その裏で莫大な量のアメリカ国債の購入などに当てられています。中国の政府系ファンドが非常に大きいのも、莫大な経常黒字をどこかで運用する必要があるからなのです。

国際収支会計と、日本や中国がアメリカ国債をたくさん買う理由

今までのＧＤＰの議論は国内で生産されるモノとサービスに注目して日本と世界の経済を議論しましたが、次はお金の流れに注目して議論しましょう。国際収支会計です。国際収支というのは経常収支と資本収支と外貨準備増減の合計のことで、常にゼロになっています。

国際収支 ＝ 経常収支 ＋ 資本収支 ＋ 外貨準備増減 ＝ 0

経常収支は次のようにみっつの要素からなります。

経常収支 ＝ 貿易・サービス収支 ＋ 所得収支 ＋ 経常移転収支

貿易・サービス収支はＧＤＰの恒等式に出てきた純輸出のことです。所得収支は国内の居住者が、外国から受け取る雇用者賃金、外国への投資から受け取る配当や利子と、逆に外国へ支払ったそれらの収支です。経常移転収支は外国へ、あるいは外国からの贈与や寄付の収支です。国際機関への分担金や災害被災者への義援金などがここに計上されます。プラスだと外国からのお金の受け取り、マイナスだと外国への支払いを意味します。しかし経常移転収支は通常は非常に小さいので、経常収支といったら貿易・サービス収支と所得収支の合計だと思ってもらって差し支えありません。

資本収支は次のように表されます。

資本収支 ＝（直接投資収支 ＋ 証券投資収支 ＋ その他投資収支）＋ その他資本収支

直接投資は不動産や工場などの海外の生産設備への投資、証券投資は株や債券などへの投資です。

図表4-3 日本の国際収支の推移（兆円）

暦年	経常収支	貿易収支	サービス収支	所得収支	経常移転収支	資本収支	投資収支	その他資本収支	外貨準備増減	誤差漏洩
1990	6.5	10.1	-6.2	3.3	-0.7	-4.9	-4.7	-0.2	1.4	-3.0
1991	9.2	12.9	-5.6	3.5	-1.6	-9.3	-9.1	-0.2	1.1	-1.0
1992	14.2	15.8	-5.6	4.5	-0.5	-12.9	-12.8	-0.2	-0.1	-1.2
1993	14.7	15.5	-4.8	4.5	-0.6	-11.7	-11.5	-0.2	-3.0	0.0
1994	13.3	14.7	-4.9	4.1	-0.6	-9.0	-8.8	-0.2	-2.6	-1.8
1995	10.4	12.3	-5.4	4.2	-0.7	-6.3	-6.1	-0.2	-5.4	1.3
1996	7.2	8.8	-6.5	5.8	-1.0	-3.3	-3.0	-0.4	-3.9	0.1
1997	11.7	12.1	-6.3	7.0	-1.1	-15.1	-14.6	-0.5	-0.8	4.2
1998	15.5	15.8	-6.2	7.1	-1.1	-17.1	-15.2	-1.9	1.0	0.6
1999	13.1	13.8	-5.9	6.6	-1.4	-6.3	-4.4	-1.9	-8.8	2.0
2000	12.9	12.4	-4.9	6.5	-1.1	-9.4	-8.4	-1.0	-5.3	1.8
2001	10.7	8.4	-5.2	8.4	-1.0	-6.2	-5.8	-0.3	-4.9	0.5
2002	14.1	11.6	-5.1	8.3	-0.6	-8.5	-8.1	-0.4	-5.8	0.1
2003	15.8	12.0	-3.6	8.3	-0.9	7.7	8.2	-0.5	-21.5	-2.0
2004	18.6	13.9	-3.7	9.3	-0.9	1.7	2.3	-0.5	-17.3	-3.1
2005	18.3	10.3	-2.6	11.4	-0.8	-14.0	-13.5	-0.5	-2.5	-1.8
2006	19.8	9.5	-2.1	13.7	-1.2	-12.5	-11.9	-0.6	-3.7	-3.7
2007	24.8	12.3	-2.5	16.3	-1.4	-22.5	-22.1	-0.5	-4.3	2.0
2008	16.4	4.0	-2.1	15.8	-1.4	-18.4	-17.8	-0.6	-3.2	5.2
2009	13.3	4.0	-1.9	12.3	-1.2	-12.6	-12.2	-0.5	-2.5	1.9
2010	17.1	8.0	-1.5	11.6	-1.1	-12.9	-12.4	-0.4	-3.8	-0.4

出所：財務省の資料より著者作成

図表4-4 日本と中国とアメリカの経常収支

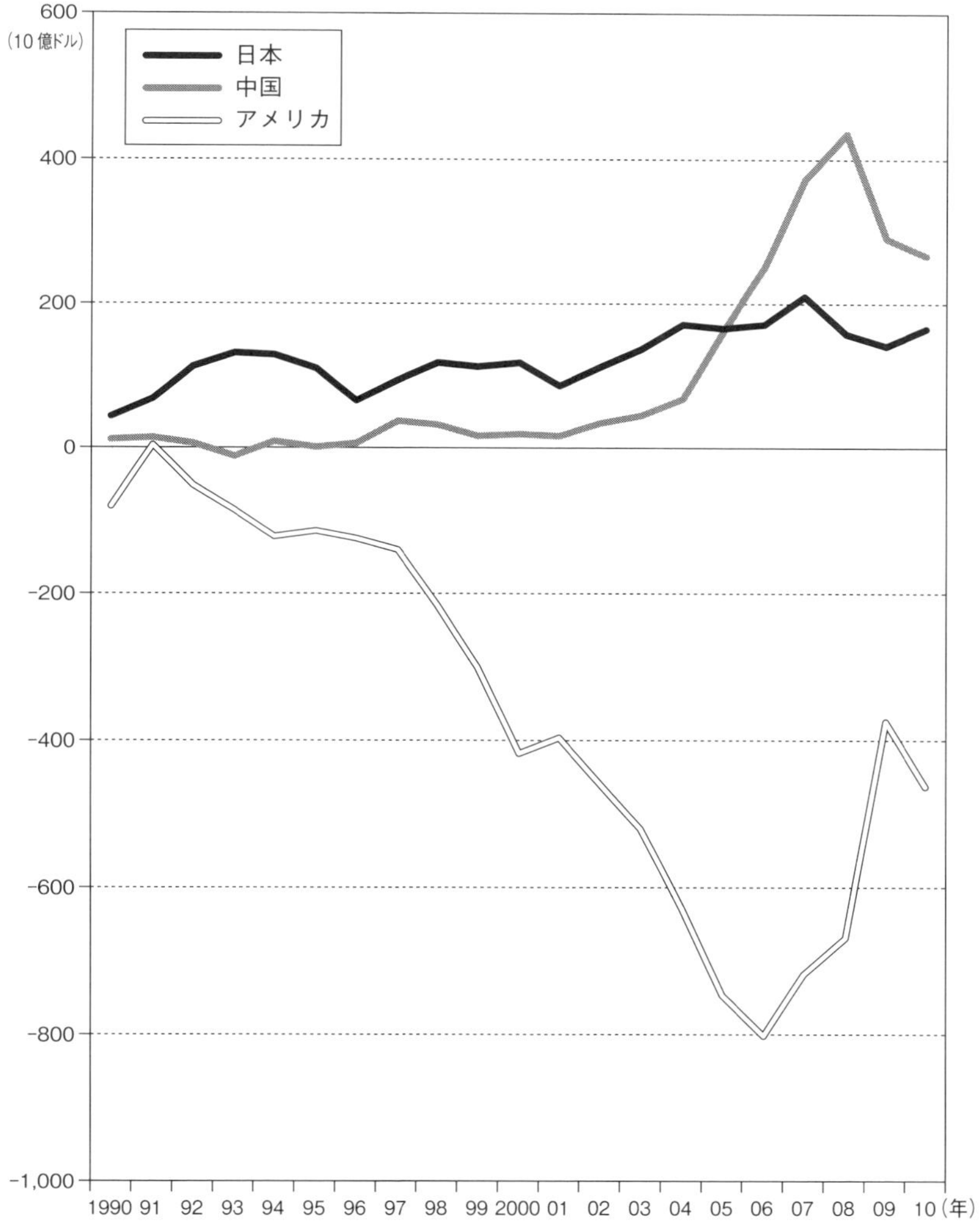

出所：IMFの資料より著者作成

その他投資は国内金融機関からの海外への貸し出しや、海外金融機関への預金などです。その他資本収支は移民や外国への移住、資産譲渡など対価を伴わない資本の動きを表します。

資本収支では、資産の増加はマイナス（流出）、減少はプラス（流入）と書くのが仕訳の決まりです。また、負債の増加はプラス（流入）、負債の減少はマイナス（流出）となります。

最後の外貨準備増減ですが、これは政府や中央銀行が為替介入などにより外貨の保有を記録しておきます。これも資本収支と同じように、国外に自国通貨が流出する時をマイナス、国外から自国通貨が流入する時をプラスとします。政府や中央銀行が外貨を買う場合、その分の円が外国に流出するのでマイナス、また外貨を得る場合はプラスで表します。

たとえば日本で作った自動車を１００億円輸出したとしましょう。すると経常収支は１００億円の黒字になります。この１００億円分の車の代価はドルで受け取って外国の銀行に預金されているとすれば、それはその他投資収支のところにマイナス１００億円が計上されて、資本収支は１００億円の赤字になります。このようにモノやサービスの貿易では、経常収支と資本収支の合計は常にゼロになります。

政府・日銀が為替介入をして、たとえば１００億円の円を売ってドルを買ったとすると、日本国政府の外貨準備はドルが１００億円分増えます。これを外貨準備増減として、外貨準備はドル資産が増えるわけですが、その分１００億円分の円は出ていくので外貨準備増減はマイナス１００億円

図表4-5 日本と中国の外貨準備の推移

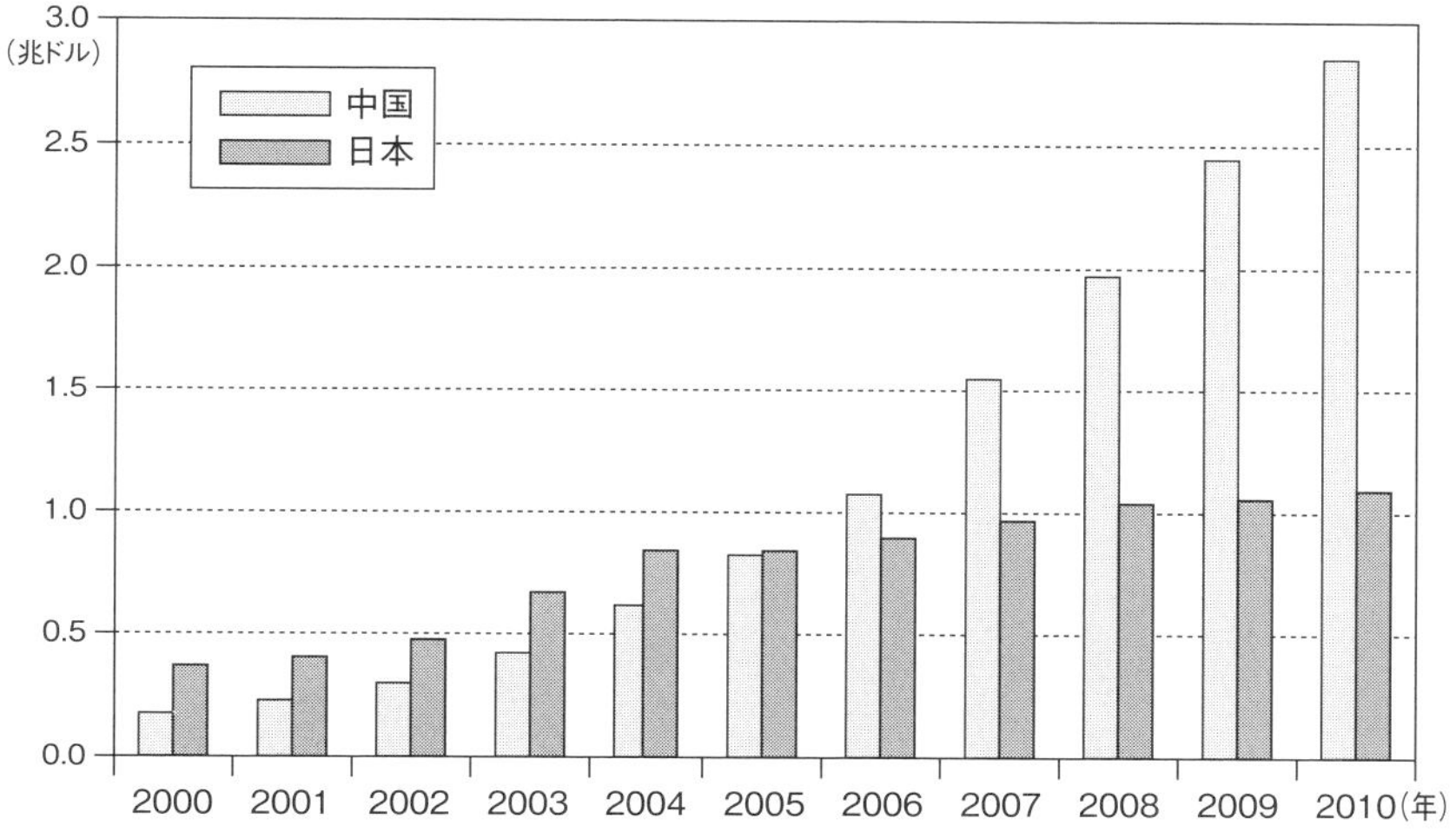

出所：World Bankの資料より著者作成

です。

同時に、日銀の負債である日銀券を買った外国に対して債務が増えたと考えると、資本収支が負債の増加でプラス100億円となります。よって資本収支と外貨準備増減を合計するとやはりゼロです。

このように経常収支と資本収支と外貨準備増減を足すと常にゼロになるように会計のルールが決まっているのです。もちろんこのような統計は必ずしも正確にすべてを把握できるわけではないので、実際には誤差漏洩という項があり、そういった統計上の不正確さが調整されます。

資本収支に外貨準備増減を加えて、これを広義の資本収支と考えると、結局、次のようになります。

国際収支＝経常収支＋広義の資本収支＝０

これは国境を超えて行なわれたモノやサービスの売買（経常収支）に必要なお金がどうやって調達されたのか（広義の資本収支）を表しています。

アメリカは大きな経常赤字国で、日本や中国が経常黒字国です。つまり大まかなお金の流れでは、アメリカが日本や中国からたくさんモノを買って、そのお金は日本や中国がアメリカの会社やアメリカ国債への投資としてアメリカに流し込んでいるのです。そして日本や中国はアメリカの会社の株やアメリカ国債を積み上げていっています（図表４－５）。

グローバル・インバランスと世界同時金融危機の関係

２００７年のアメリカの住宅バブル崩壊をきっかけに、世界同時金融危機が起こり、世界中の金融市場がパニックになりました。この時、サブプライム・ローンや世界の金融バブルとはほとんど無縁だったはずの日本の実体経済が、皮肉なことに世界の先進国の中で一番落ち込みました。また、最近では莫大な政府債務を抱えているにもかかわらず、日本の円はとても強くなっています。

じつはこういった一連の現象は、グローバル・インバランスの調整という文脈でよく理解できるのです。

経常収支というのは、外国に対してモノやサービスを売った金額から買った金額を引いた貿易・サービス収支と、配当や利息などの所得収支を足したものです。この定義をよく考えればわかるのですけど、どこかの国の経常黒字は必ずどこかの国の経常赤字に対応しています。図表4－6はバブル崩壊前の2007年の経常収支のGDP比です。ドイツ、中国、日本などが経常黒字国で、アメリカが大きな経常赤字国であることがわかります。

アメリカは世界中からお金を集めて、それを最先端の金融工学で運用していました。投資銀行などさまざまな金融会社が莫大な利益を上げていました。こうやってアメリカで金融バブルが起こり、アメリカが世界中からモノやサービスを買っていたのです。日本は高級デジタル家電や自動車などの製造が得意ですから、それらをアメリカに輸出することによって大きな利益を得ていました。

ここでもう一度、次の恒等式を思い出しましょう。

経常収支 ＋ 広義の資本収支 ＝ 0

アメリカの経常収支が真っ赤になって、アメリカの金融業界が大儲けして、日本や中国が莫大な経常黒字を上げていたのはすべてつながっていたのです。

アメリカが莫大な経常赤字を計上するということは、同じ金額をアメリカにせっせと投資していた国がたくさんあったということです。具体的には経常黒字国の日本や中国の莫大な外貨準備として積み上げられていました。当時、アメリカはこのように世界中からお金を集めて、そのお金を世界的な金融業により世界中で運用するという金融立国のビジネス・モデルがうまく回り、経済がとても好調だったのです。アメリカの個人や企業が保有する金融資産の価値がどんどん上がるので、アメリカ政府も強いドルをある意味で歓迎していました。アメリカのドルが強くなるので、さらに世界中からモノやサービスを買えるようになります。アメリカの経常赤字が拡大するとともに、日本などの輸出国もとても景気がよくなっていました。

こうして世界の経常収支、あるいは資本収支のインバランス（不均衡）が拡大していきました。これがグローバル・インバランスと呼ばれる現象です。図表4－6を見ると、アイスランド、ギリシャ、スペインなども突出して経常赤字が大きいことがわかります。これらの国にも見かけの高いリターンにより世界中から投資資金が流れ込んでいたのです。

日銀のゼロ金利政策による超金融緩和は世界中に潤沢なマネーを供給して、これらの国の住宅価格高騰などのバブルの発生に一役買っていました。金利の安い日本円でお金を調達して、そのお金が世界中の投機資金として回っていたのです。円を借りて、それを国外のさまざまな金融商品に投資するという大規模なキャリー・トレードが起こっていたのです。

しかしアメリカの住宅バブルの破裂をきっかけに世界的な金融危機が起こると、この巨大なグローバル・インバランスがすべて逆回転しはじめたのです。

図表4-6 金融危機前の各国の経常収支の対GDP比（2007年）

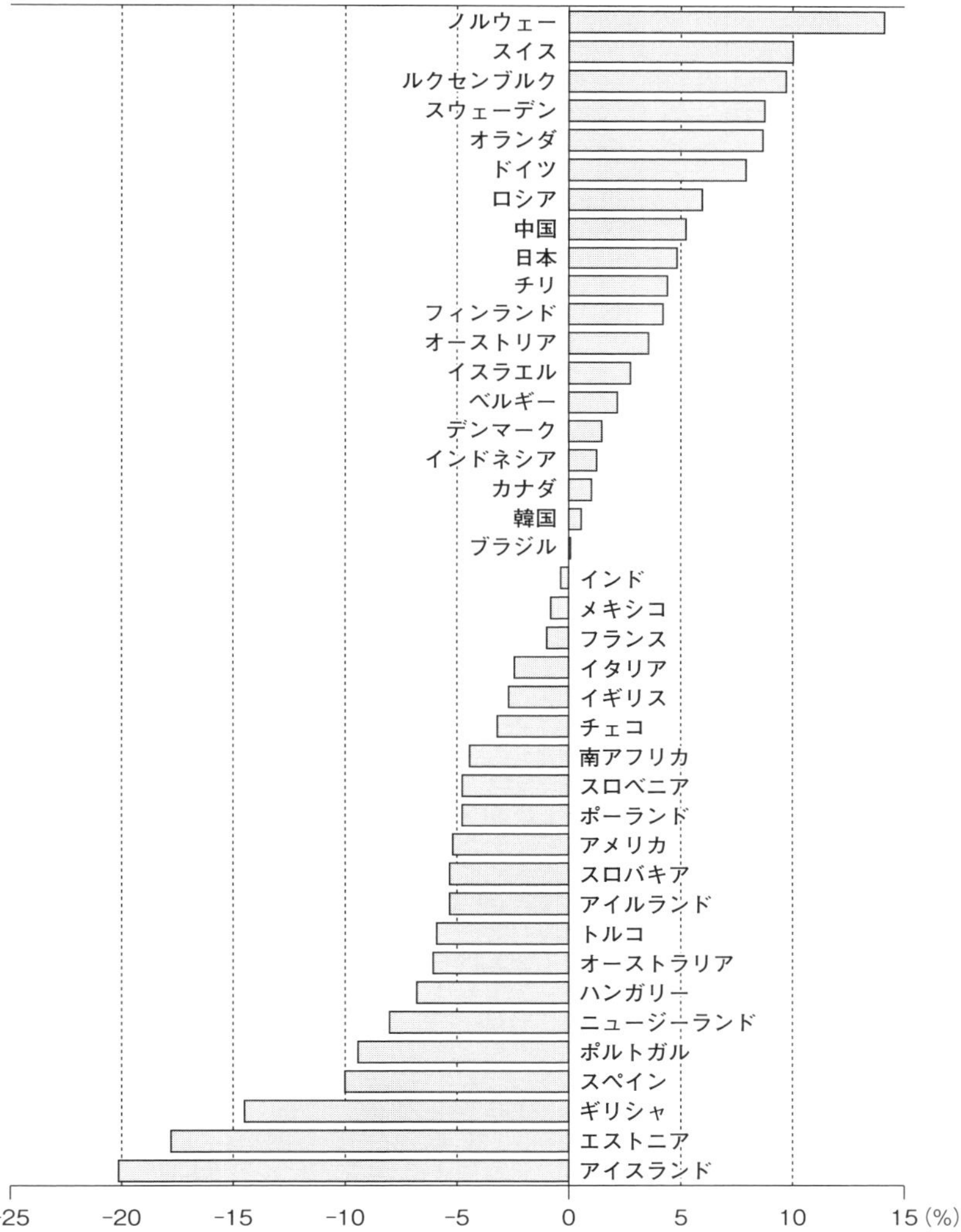

出所：OECDの資料より著者作成

図表4-7 日本の経常収支の推移(四半期データ)

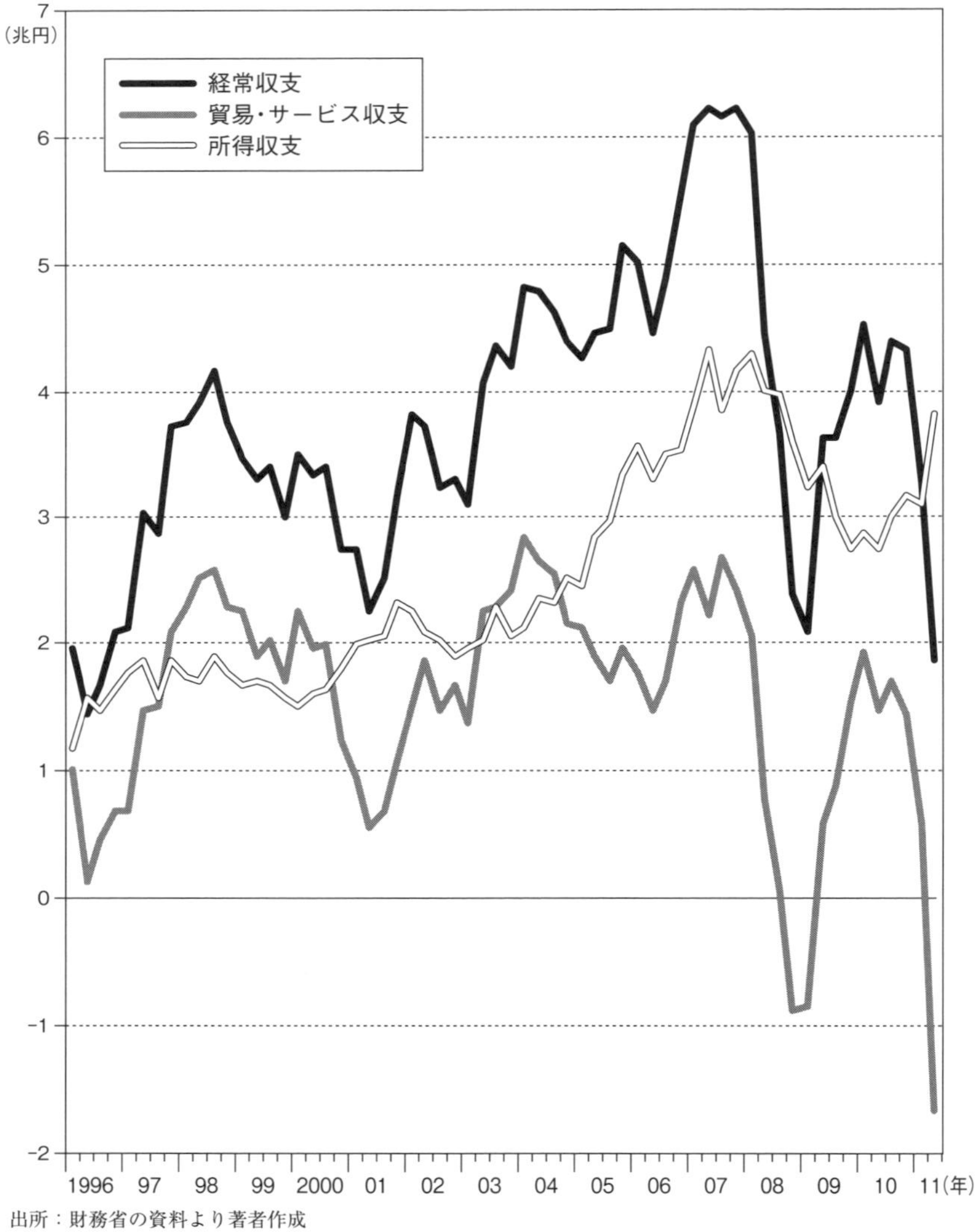

出所：財務省の資料より著者作成

図表4-8 ドル円とユーロ円相場の推移

出所：ヤフー・ファイナンスのウェブ・サイトより著者作成

アメリカの持続不可能な経常赤字が急激に縮小したので、当然のように日本の経常黒字も急激に縮小しました。そして日本でＧＤＰが急落したのです。これがアメリカのサブプライム・ローン問題と無関係だった日本の経済が大きく落ち込んだ単純な理由です。また、アイスランド、ギリシャ、スペインなどの経常赤字国（過剰債務国）のバブルもアメリカと同様に破裂したのです。アメリカの住宅バブル崩壊という金融危機は文字通り「世界同時」金融危機となりました。その背後に行き過ぎたグローバル・インバランスの巻き戻しという構造があったのです。

円のキャリー・トレードとは、円を売って世界中の金融資産に投資していることですから、それが巻き戻るということは円が買い戻されることを意味します。こうして円高が進みました。

バブルがはじけると経常赤字国、つまり過剰債務国は、債務返済のために消費や投資を控えなければいけません。そのため資金需要が落ち込み、アメリカやヨーロッパの金利が大きく低下しました。日本の金利は最初からほとんどゼロで低下余地がなかったので、欧米諸国と日本の金利差は一気に縮小しました。そして教科書通りにドルやユーロは円に対して切り下がっていきました。キャリー・トレードの逆流も円高に拍車をかけました。このように安くなったドルやユーロは欧米諸国の輸出を増加させ（日本の輸出を減少させ）グローバル・インバランスを是正していきます。世界同時金融危機後の円高は、グローバル・インバランスの修正という、世界経済の大きな流れの中でよく理解できます。

日本のような成熟した先進国は、工場で作ったものを欧米に売って外貨を稼ぐというような途上国型のモデルから産業構造をそろそろ変革しなければいけないのでしょう。

ところで、本書の執筆時点（２０１１年8月）で、日本の経常収支は急速に悪化しています。これは東日本大震災で日本の製造業のサプライチェーンが分断され、生産活動の多くが止まってしまったこと（輸出の減少）と、福島第一原発の事故により国民に反原発感情が高まり、全国的に原発の再稼動が困難になっており、原発を代替するための化石燃料を追加購入しなければいけないこと（輸入の増加）が、原因だと思われます。

物価から考える為替レート

為替の理論を簡単に勉強しましょう。為替を決める大きな要因はみっつあります。①インフレ率、②金利、③経常収支です。

まずは①インフレ率に注目しましょう。お金はモノやサービスを買うことができるので価値があり、それゆえ物価を考えることは、為替理論の基本になります。一物一価の法則が成り立つとすると、アメリカでハンバーガーが1ドルで、日本でハンバーガーが100円だったら、同じハンバーガーから見れば1ドルと100円が同じでなければおかしいです。よって1ドル＝100円と為替レートが決まります。この考え方は購買力平価説というものです。とても簡単ですね。

もし仮に世界中の貿易が輸送費がゼロで、関税がゼロで、どんなモノでもサービスでも瞬時に国境を超えられると仮定すれば、一物一価の法則が成り立っていなければ貿易業者が一瞬のうちにモノやサービスを売買して必ず儲けられますので、瞬く間に為替相場は購買力平価説による理論値に収束するでしょう。しかし現実の世界は輸送費もかかるし、関税もあるし、そもそもサービスの多くが輸出入することが不可能です。よって購買力平価説も長期的にはこの程度の為替水準に落ち着くだろうというような、大まかな理論値を示すに過ぎません。

実際は、ひとつの商品ではなく、さまざまなモノやサービスを適当に詰め込んだバスケットの値段を比べて購買力平価説に基づく為替の理論値を計算します。今までの説明を数式で表しましょう。数式がきらいな人は読み飛ばしてかまいません。

$$FX = P_{円} \div P_{ドル}$$

FXは為替レートです。$P_{円}$は想定するバスケットの日本での価格（円）で$P_{ドル}$はまったく同じバスケットのアメリカでの価格（ドル）です。さっきの例だとハンバーガーがひとつだけバスケットの中に入っているので、$P_{円}=100$円、$P_{ドル}=1$ドルなので、$FX=100$と為替レートが決まります。

購買力平価説は、これだけではあまり役に立たないのですが物価変動率（インフレ率）が為替レートに与える影響を考えるうえで非常に重要です。1年後の為替レートをFX_1、現在の為替レートをFX_0、日本のインフレ率を$K_{円}$、アメリカのインフレ率を$K_{ドル}$と置くと、次のような関係が導かれます*。

$$(FX_1 - FX_0) \div FX_0 = K_{円} - K_{ドル}$$

つまりドルの上昇率は（ドルが上昇というのは円安）、日本のインフレ率とアメリカのインフレ率の差に等しいのです。ここで日本はデフレなので$K_{円}$はマイナス1%、アメリカはインフレなので$K_{ドル}$はプラス2%とするとインフレ率の差はマイナス3%となります。ということはドルは円に対して毎年3%下落する、つまり円高になるということです。以上から購買力平価説により導びかれる為替

$$*\ FX_1 = \frac{P^1_{円}}{P^1_{ドル}} = \frac{P^0_{円} \times (1+K_{円})}{P^0_{ドル} \times (1+K_{ドル})} = FX_0 \times \frac{(1+K_{円})}{(1+K_{ドル})} \fallingdotseq FX_0 \times (1+K_{円}-K_{ドル})$$

$$\Rightarrow \frac{FX_1 - FX_0}{FX_0} \fallingdotseq K_{円} - K_{ドル}$$

レートの重要な傾向がわかります。

「インフレ国の通貨は長期的には下落する。または、デフレ国の通貨は長期的には上昇する」

日本はデフレがずっと続いているので、円高が進むのは当然なのかもしれませんね。

金利から考える為替レート

次は②金利を考えます。今度は外貨（ここではドルを使って説明します）を株や債券のようなひとつの資産として見ていきます。自国通貨（円で説明します）を持っていた場合、そのリターンは金利だけです。

$$R_{円} = i_{円}$$

$R_{円}$は円のリターン、$i_{円}$は円の金利です。

それではドルを持っていた場合はどうでしょうか？　それはドルの金利とドル・レートの変動幅で表されます。株だと配当というインカム・ゲインと株価の上昇というキャピタル・ゲインがあるのと同じですね。

$$R_{ドル}=i_{ドル}+(FX_1-FX_0)\div FX_0$$

FX_1は1年後のドル・レートです。別に1年後じゃなくてもいいわけですが、数式を簡単にするために1年後にしておきます。投資家としてはリターンのなるべく高い資産にたくさん投資して、リターンの小さい資産はなるべく売ってしまわないといけません。こういう投資家やトレーダーの行動によって、あらゆる金融商品の（リスク調整後の）リターンは同じになるというのが、すべての金融理論の基本です。トレーダーにとって円もドルも同じリスクだとすると（この仮定はあとで考えます）、$R_{円}$と$R_{ドル}$が同じでないなら、片方を買って片方を売れば利益が出やすいですから、$R_{円}$と$R_{ドル}$が同じになるまで為替レートFX_0が動くはずです。結局のところ、$R_{円}=R_{ドル}$になるので、

$$i_{円}=i_{ドル}+(FX_1-FX_0)\div FX_0$$

となります。この式をさらに変形すると、

$$(FX_1-FX_0)\div FX_0=i_{円}-i_{ドル}$$

となるのです。ここで金利と現在の為替レートはわかっていますから、たとえば為替レートFX_0が１ドル１００円で日本円の金利が１％でドルの金利が３％だとすると、$i_{円}-i_{ドル}$＝マイナス２％となるので１年後のドルFX_1は98円となります。要するにこの式は為替の変化率（の期待値）は金利差に等しくなるといっているのです。これが金利平価説という考え方です。

この金利平価説からわかる重要なことは次のことです。

「高金利通貨は下落する。または低金利通貨は上昇する」

たとえば高金利ということで日本人に人気のニュージーランド・ドルやオーストラリア・ドルは５％ほどの金利がつきますが、これはゼロ金利の日本円から見れば破格にいい条件のように思えます。もしこれらの高金利通貨が将来的に上昇する確率が高いのだったら、金利というインカム・ゲインと価格の上昇というキャピタル・ゲインの両方で儲かってしまいます。世の中にフリーランチがないというのが金融理論の基本です。ニュージーランドやオーストラリアの通貨を買っていれば儲かる確率が非常に高いということは、おかしいということがわかるでしょう。世の中うまい話はありません。また、あったとしてもそこら中にある銀行や証券会社がうまい話をあなたに教えることはありません。インカム・ゲインで儲かる部分は、キャピタル・ゲインで損する可能性が高いということでうまく調整されているのです。

金利が非常に低い日本円が上がっていくのは、じつはなんの不思議もありません。

ところで中央銀行が利上げするとよく通貨は上昇します。逆に利下げすると通貨は下落します。ここでニュースや一般向けの経済誌では「高金利で魅力が増したので通貨が買われて上昇した」というような説明がされますが、この説明は正確ではありません。今までの説明で金利が高い通貨は下落する傾向があるといったのと、こういう金利のニュースはまったく矛盾していません。むしろ金利を上げるとその通貨が（瞬間的に）上昇することを非常に明確に説明しています。

$$R = i + (FX_1 - FX_0) \div FX_0$$

この式を思い出しましょう。リターンのRは他の通貨との兼ね合いで概ね決まっています。将来の為替レートFX_1（これを長期的な均衡水準と考えましょう）も購買力平価説などのファンダメンタルズでだいたい決まっています。そこで金利のiが上がると、この式でただひとつの自由に変化させられるパラメータである現在の為替レートFX_0が切り上がって、Rが同じになるように調整されなければいけません。つまり、利上げのニュースの後に瞬時に為替レートがジャンプして、より高いところから将来の均衡水準に収束していくということで、長期的には高金利の通貨は下落する傾向があるという金利平価説とまったくもってつじつまが合っているのです。

　金利というインカム・ゲインが増えた分、為替レートが切り上がって今後上昇する確率を下げることによって、リターンが他の通貨と同じになるように、世界中のトレーダーが瞬間的に売買するのです。

ここで利上げのニュースが前もって予測されていたら発表前にそういった情報は織り込まれることになり、ニュース発表時にはあまり動かないこともありますし、逆に金利の変更が前もって予想された水準より小さければ為替は反対方向に動くことになります。

最後に③経常収支の影響を考えましょう。国際収支のところで勉強したように、経常黒字が溜まっていくと、その裏側でどんどん外貨建て資産が増えていきます。今までは円もドルも、そのリターンだけに注目しましたが、外貨建て資産を持ち過ぎていると為替リスクを減らすために、少々損してでも外貨建て資産を売ってしまおうという人たちが増えてきます。今までの例でいうと、リスクを分散させるために日本は溜まったドルを売りたくなるので、ドルのリターンは円のリターンに比べて少々見劣りしてもいいということになって、そのような期待リターンになるまでドルが売られて円が買われます。式で書くと次のようなります。

$$R_{ドル} = i_{ドル} + (FX_1 - FX_0) \div FX_0 + \beta$$

経常黒字国の日本は、すでに大量に持っているドルをさらに買い増すためには追加的なリスク・プレミアム（β）を要求するようになり、その分ドルが下がっていくはずなのです。

「つまり経常黒字国の通貨は高くなり、逆に経常赤字国の通貨は安くなる傾向があります」

通貨が高くなると輸出企業の競争力が下がり貿易黒字が減り、逆に通貨が安くなると貿易黒字が増えるはずなので、経常収支の不均衡（インバランス）は自由な為替の変動で理論的にはある程度是正されるはずですが、アメリカはずっと経常赤字国ですし日本はずっと経常黒字国なので、実際は必ずしも単純な理論通りにはならなかったようです。

物価、金利、経常収支の観点から、為替の理論を見てきましたが、もちろん為替は常に理論通りに動くわけではありません。しかし長期的な大まかなレンジを予想したり、国際経済の問題を考える時に、これまでに説明した理屈を知っておくことはとても大切です。

マンデル・フレミング・モデルと、財政政策が効かないわけ

次に、ノーベル経済学賞を受賞したマンデル・フレミング・モデルを勉強しましょう。このモデルの考察から、財政政策による景気浮揚効果の限界や、不可能なトライアングルと呼ばれる非常に重要な国際金融の制約条件が理解できます。ここでの考察は、現在の日本の経済問題や、最近話題になったギリシャの財政危機や中国のバブルや人民元の問題を考えるうえでとても重要です。

まずは財政政策による景気浮揚効果です。結論からいうと、マンデル・フレミング・モデルでは日本のような変動相場制の国では財政政策で景気浮揚できないということになります。

財政政策では、まず政府が国債を発行して、公共事業などにばらまくためのお金を調達します。民間の銀行や企業、個人がその国債を買うので、その分民間側にあるお金の総量が減ります。お金の総量が減ると、お金の需要に対して供給が減るので、お金の価格である金利が上昇します。金利が上昇すると、先ほど勉強したように通貨が上がります。通貨が上がると、輸出が不利になり、輸入は有利になるので、経常収支が悪化します。「GDP＝民間消費＋民間投資＋政府支出＋輸出－輸入」の最後の輸出－輸入の部分が減るので、結局、財政出動で増やした政府支出を打ち消してしまい、景気対策になりません。国債を発行して政府が財政出動しても、その分は自国通貨の上昇による経常収支の悪化と相殺されてしまうのです。

つまり、変動相場制を採用している国では、景気浮揚対策は金融政策に頼るべきだという結論になります。

日本は失われた20年の間、景気対策として巨額の財政出動を繰り返し、天文学的な公的債務を積み上げました。しかしマンデル・フレミング・モデルによれば、財政政策の景気浮揚効果の多くは諸外国に逃げてしまった可能性があります。実際、この間、財政出動を繰り返す日本以外の世界経済は大変好調であったということは、マンデル・フレミング・モデルが示唆する通りであったとも読み取れます。日本国政府は、無為に公的債務を積み上げてしまい、その分の景気浮揚効果の多くが外国にいってしまったのかもしれません。

不可能なトライアングルとユーロ危機

次に、不可能なトライアングルという重要な概念を学びます。

まずは固定相場制の問題を見ていきましょう。

為替相場が激しく変動することは、多くの企業にとって好ましいことではありません。輸出や輸入に関わる企業は、このような為替リスクに対応するため、さまざまなコストがかかります。石油などの重要な資源を輸入に頼っている日本にとって、為替リスクは大きな問題です。そこで為替リスクを取り除く方法が、固定相場制です。たとえば1ドル100円というように為替を固定するのです。

香港や中国、マレーシアなどは固定相場制や、ある程度の範囲に為替レートを制限する緩やかな固定相場制を採用しています。たとえば自国通貨が、目標とするレートよりも上がり過ぎれば、政府・中央銀行は自国通貨を目標レートに達するまで売り続けます。

自国通貨はどれだけでも「刷る」ことができるので、理論的には自国通貨を安くする方向にはどれだけでも対応することが可能です。逆に、自国通貨の価値を維持する場合は、政府・中央銀行が保有している外国通貨を売って、自国通貨を買い戻す必要があり、限度があります。

１９９２年に為替レートを事実上固定していたイギリス政府のポンドを売り浴びせて、１０００億円を超える巨額の利益を短期間で築き上げたヘッジファンド・マネジャーのジョージ・ソロスは大変有名ですね。また１９９７年のアジア通貨危機の際には、やはり多くのヘッジファンドが固定相場的な政策を取っていたアジア各国の通貨を売り浴びせて一儲けしました。

自国通貨を高く維持しようとする場合、それがその国のファンダメンタルズよりもはるかに高い場合、買い支えるのは政府と中央銀行だけになります。自国通貨を「買う」には外国通貨を「売る」しかありませんから、自分で刷れる売り介入と違い、買い介入は保有する外貨準備の分しかできません。またその固定相場的な通貨を空売りすれば、政府・中央銀行の防衛が成功しても為替レートが維持されるだけで空売りするトレーダーは損しませんが、売り崩しに成功すれば莫大な利益を得ることができます。それゆえに小国の固定相場制は、投機家のターゲットになりやすいのです。

それでも固定相場制を維持する簡単な方法があります。つまり自国通貨の売買を法律で禁止するのです。金融的な鎖国状態ですね。しかし「自由な国際資本取引」は国境を超えた金融機能を提供して、自国民に多くの恩恵をもたらします。固定相場制を維持するために「自由な国際資本取引」を禁止するのは本末転倒でしょう。

最後に、金融政策を考えましょう。金融政策の基本は、中央銀行が自国の経済状況に応じて金利をある程度コントロールすることです。景気が悪くなったら金利を下げて、逆に景気が加熱すれば

図表4-9 不可能なトライアングル

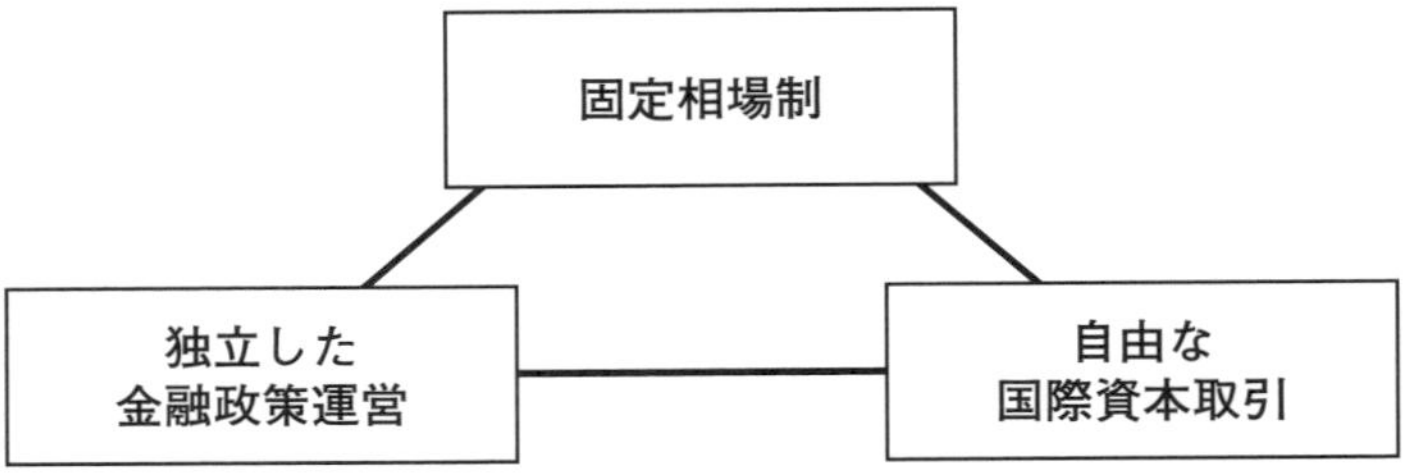

金利を上げます。

ところが固定相場制では金融政策を実行することができません。為替レートが一定に固定されているのに、片方の金利がもう片方の金利より高かったら、金利の安い通貨を売って金利が高い通貨を買えばいくらでも利益が出てしまいます。つまり固定相場制の中で金融政策を実行しようとすると、やはり為替取り引きを禁止するなどの金融鎖国状態にしないといけないのです。逆にいうと、固定相場制を導入してさらに自由な国際資本取引を実現しようとすると、金利は常に為替レートを固定する相手と同じにする必要があります。つまり独立した金融政策の運営を放棄しないといけないのです。

現在、多くの国が「自由な国際資本取引」と「独立した金融政策運営」を重要だと考えているので、「固定相場制」を放棄しています。この自由な国際資本取引、独立した金融政策運営、固定相場制のみっつを同時に実現できないことを「不可能なトライアングル」と呼びます。これは最近の国際的な経済問題を考えるうえで非常に重要です。

世界同時金融危機がきっかけとなり、しばらくしてからギリシャ政府が財政破綻しました。またスペインやアイルランドといった国々の財政も危機に瀕しています。これは「不可能なトライアングル」と大いに関係しています。

２００２年にヨーロッパ諸国は共通通貨のユーロを採用しました。ギリシャも当初からユーロを採用しています。つまりユーロ圏内ではユーロという単一通貨の固定相場制になったのです。そしてヨーロッパ連合というのは域内のヒト・モノ・カネの動きをもっと自由にすることですから、当然、ユーロ圏内の自由な資本取引が行なわれます。その結果、不可能なトライアングルにより各国の独立した金融政策の運営が放棄されたのです。

広いユーロ圏の中には、ギリシャのような発展途上の小国も、ドイツのような成熟した輸出大国もあります。しかしユーロという単一の通貨が導入されたことにより、基本的に各国がユーロの金利に従うことになりました。ユーロ圏内の金融政策は、ユーロの中央銀行であるＥＣＢが決定します。ギリシャ政府のような財政基盤の脆弱な国も、ドイツ政府のような強固な財政基盤を持っている国も同じ通貨を使わなければいけません。また、不動産バブルが起こっていたスペインや景気が加熱していたアイルランドも、ドイツのような経済の安定した輸出国も、同じ金融政策に従うことになりました。

その結果、本来は信用の面で問題のあるギリシャ政府も低金利で国債を発行できたので、どんどん借金をしましたし、スペインやアイルランドのバブルもどんどん膨らんでいったのです。ドイツやフランスのような大国にはちょうどいい金利でも、スペインやアイルランドでは低金利過ぎたのです。結果的に、ギリシャ政府は返済できないほどの借金を抱えて財政破綻し、スペインやアイルランドのバブルは崩壊して莫大な不良債権を積み上げたのです。

このように単一通貨の欠点が一気に噴出して、アメリカの不動産バブルの崩壊ではじまった世界同時金融危機は、ユーロ危機まで引き起こしたのです。

また世界同時金融危機以降、アメリカは金利を一気にゼロ近くまで引き下げ大規模な金融緩和を行なっています。中国政府は元をドルに固定する事実上の固定相場制を取っていますから、ドルの金利が大きく下がりドルが切り下がっている状況で、元の切り上げを阻止するために大規模な為替介入を実施しています。

この場合、元を売ってドルを買っていけばいいので、元をいくらでも刷ることができる中国政府は理論的には固定相場制を問題なく維持できます。しかしドルを買うために新たに刷られた元が大量に市場に出回るので、意図せざる大規模な金融緩和になってしまいます。つまり中国は固定相場制にこだわり、自由な国際資本取引をある程度認めているので、独立した金融政策の運営を放棄せざるを得ないのです。よって成長著しい中国経済は、政府の為替介入による意図せざる金融緩和による大規模なバブルの発生とインフレーションの脅威に直面しているのです。

中国政府は部分的に国際資本取引を規制したりして、不可能なトライアングルを実現しようと四苦八苦していますが、中国経済のバブルがはじければ世界経済は大きなショックに見舞われるでしょう。

グローバリゼーションが平和をもたらす

この章の最後に安全保障問題も考えましょう。

第二次世界大戦後も世界で戦争は絶えません。アメリカだけでも、朝鮮戦争、ベトナム戦争、湾岸戦争、イラク戦争のような大きな戦争の他、ドミニカ共和国、カンボジア、ラオス、グレナダ、レバノン、ニカラグア、パナマ、ソマリア、ハイチ、スーダン、アフガニスタン、コソボ、リベリアなどで小規模な戦争をしています。2011年現在、豊富な石油資源を有するリビアと、アメリカ、フランスなどの多国籍軍が戦争をしています。放っておいても人は自然と戦争をはじめるのでしょう。残念ながら世界はそういうもののようです。

しかし戦後、日本はずっと平和でした。日本に限らずに、世界の主要先進国の市民は少なくとも本国ではずっと平和でした。これらの平和だった国にはひとつの共通点があります。それはみんな核武装しているか、同盟国の核の傘に入っているということです。アメリカとソ連はずっと冷戦をしていましたが、核保有国同士、あるいは核の傘に入っている国同士で、武力と武力がぶつかる本格的な戦争が起きたことは、今のところ一度もありません。

相互確証破壊といって、もし戦争をはじめてお互いに報復合戦になったら確実に両方共滅ぶということが予測できるために、核抑止が働いている国同士は戦争できなくなるという単純な理論があります。この理論は今のところ正しかったわけです。アメリカはさまざまな大義のもと他の非核保有国と戦争したり、中国やロシアも同様に他の非核保有国と戦争しています。また非核保有国同士の戦争や、内戦などはしょっちゅう起こっています。しかし核保有国同士では戦争は起こりませんでした。

また、自由貿易で経済の相互依存が強ければ強いほど戦争が起こりにくいことは統計的に確かめられています。やはりお互いに経済的に分業体制を築くことにより、戦争によって失うものが増えるからでしょう。自分の商売のお客さんがいる国に爆弾を落とそうとは考えないでしょう。海外転勤や海外移住によって、自分の親戚がたくさん住んでいる国にミサイルを打ち込もうとも思いません。このようにヒト・モノ・カネが相互に行き交っている国同士では、戦争は非常に起こりにくくなります。

２０１１年3月11日に東北沖で起きた未曽有の大地震の際にも、アメリカをはじめ世界中の国がすぐさま日本への支援に名乗りを上げました。これも日本が世界中と貿易し、経済の相互依存を深め、また貧しい途上国などに対しても先進国として当然の支援をしてきたからに他なりません。

日本が戦争に巻き込まれないために何をすればいいのでしょうか？　僕にはとても自明なことに思えます。日米同盟を大切にして、アメリカの核の傘に入り続けることです。グローバリゼーションを推進して、なるべく多くの国と経済の相互依存を深めることです。国際社会の中で信頼されて、世界中の国と経済的に深く結びついていることが、安全保障の観点から何よりも重要です。経済の相互依存、必要悪としての核の抑止力を保有する軍事力、このふたつが今後も日本の平和と経済発展にとって極めて大切なのです。

東日本大震災は、福島第一原子力発電所の大規模な事故を誘発してしまいました。今後は、原子力に対して世論は非常に厳しくなると予想されます。しかし核兵器を放棄している日本が、原子力発電をはじめとする核関連技術において世界の最先端であるという事実は、安全保障の面でもひとつの抑止力になっていたことを忘れてはなりません。石油を完全に輸入に頼っている日本にとって、原子力は安定した電力の供給のみならず、核抑止力による日本の安全保障の役割も担っているのかもしれません。

第5章

もう代案はありません

There is no alternative to the global free market economy.
Margaret Thatcher

グローバル資本主義経済の代案はありません。
マーガレット・サッチャー

成長戦略が何もないのが一番の成長戦略

最後の章では、日本がどういう政策を取るべきなのか具体的に考えていきましょう。

２００９年に民主党政権が新たに発足したころは、民主党政権には「成長戦略」がないとさまざまな経済評論家から批判されていました。それで民主党政権は批判に答える形で「エコ」とか「海外インフラ」とか「介護」とかいろいろ成長戦略を出してきました。しかしこれらの成長戦略は民主党の意図とは裏腹に日本経済の成長を阻むことになるでしょう。なぜ政府が実施するこれらの成長戦略がダメなのでしょうか？　理由はみっつほどあります。

ひとつ目は政府が成長産業を見ぬくことはできないということです。金融市場ではプロが次の成長産業を見極めようとしのぎを削っています。だから本当にこの産業は成長すると市場が思えば、わざわざ政府が投資しなくても民間の資金が自然と流れ込んでくるわけです。よって市場のコンセンサスの裏をかいて、政府が成長産業を見抜くことができなければ意味がないのですが、そんなことを政府に期待するのは無理でしょう。

ふたつ目は民間投資を政府の活動が押し出してしまい効率的な資源配分をゆがめることです。乗数理論のところで説明したように、これをクラウディング・アウトといいます。政府が無理やりある特定の分野に投資をすると、当然他の分野への投資が減ります。ある分野を優遇するということは、必然的に他の分野を冷遇するということです。これはコインの表と裏の関係で、必ずそういうトレードオフが発生します。労働力も資金もある分野に余分に投入したら、他の分野で減るのは当たり前です。本来、自由市場の中の競争原理により資源配分されるものが、政府による恣意的な配分に変わることによって国民全体の利益が損なわれるのです。

みっつ目は人々のインセンティブをゆがめてしまうことです。政府が恣意的に産業政策を行なえば、企業が政府から特権を認めてもらおうとさまざまな活動をはじめます。これをレント・シーキングといいます。本来、企業は世界の消費者にどれだけいいモノやサービスをどれだけ安く提供できるかを競い合わなければいけません。しかし政府が選んだ業界に重点的に政府がお金を落とすなら、企業は消費者の方を向いて企業努力をするより、政治家や役人の方を向いて「成長産業」として認めてもらう方が得だということになってしまいます。

これは企業やそこで働く人々のインセンティブを大きくゆがめます。経済を成長させるのは、民間企業の創意工夫なのですが、そのための労力が政府に陳情にいくことに費やされてしまうのです。陳情しながら、世界のアップルやグーグルに自由競争で勝つというのは、なかなかできることではありません。

それでは本当の成長戦略とはなんでしょうか？　それはリスクを取って成功した人に報いる税制と、大胆な規制緩和です。高額所得者の所得の半分を税金として取り上げたり、儲かっている大企業の利益の40％を税金として奪い取ったりして、田舎の兼業コメ農家や特定郵便局長にお金をばらまいて必死に集団票を買っても、国全体の経済なんかよくなるわけはありません。

福祉や再分配がどうしても必要で、ある程度の税金を取らなければいけないのなら、税源は薄く公平に取れる消費税にするべきです。それが福祉国家として成功しているスウェーデンなどのモデルです。北欧諸国は消費税が25％程度と非常に高いですが、企業は簡単に社員をクビにできますし、法人税は安かったりと、企業活動に関しては非常に競争的な社会です。消費税を上げるのが嫌だったら、社会保障費などの福祉をドラスティックにカットする他ありません。

僕は割と日本人は再分配が嫌いなのではないかと思っているので、貧者のために増税するとなったら、多分、みんな考えてしまうのではないでしょうか。みんな人のお金で福祉を充実させるのは大歓迎でも、自分のお金がどこかの他人に渡ると思うと許せないですから。今のところ、足りないものは国債による将来世代へのつけ回しで、中福祉・低負担国家を維持していますがこれも早晩崩壊するでしょう。


今の時代の高額所得者はグローバル経済の中でうまく立ち回っている人たちですから、日本のようにすぐとなりに香港やシンガポールなどの税金が非常に安く、成功者を優遇する姿勢を政府が強く打ち出しているような国があると、彼らは簡単に移住してしまいます。これは日本にとっては直接の税収減となり大変困りますが、そういった人材が作り出していた雇用やイノベーションなどが他国へいってしまうという間接的な経済への悪影響も非常に大きいでしょう。

多くのグローバル企業が無国籍化していますから、日本だけが企業や経営者に対して突出した重税を課し、さらに解雇規制のように企業側にとって不利な規制を残したままなら、いい企業はアジアの戦略拠点を香港やシンガポールなどに移してしまいます。

つまりこれ以上高額所得者の所得税や企業の法人税を上げれば、日本の税収はほぼ確実に減るということです。逆にいえば、高額所得者の所得税や企業の法人税を下げれば、人材や企業の流入や人々のお金を稼ぐことへのモチベーションの上昇が税率の低下分を上回るので税収増につながります。実際、ロシアでは、2001年1月1日に13%のフラット・タックスを導入した結果、2001年の個人所得税の税収がなんと47%（インフレ調整済みで25%）も上昇しました。驚くことに2002年はそこからさらに40%（インフレ調整済みで25%）も税収が増加しています。

競争に勝てる人材や勝てる企業にどんどん勝たせてあげればいいのです。それで日本でひとり勝ちした企業やひとり勝ちした個人には、さらにもっと世界の中で勝ってもらって莫大な富を得てもらった方がいいのです。そのうえで消費税率を今より少し高くしてセーフティネットを整備し、社会を安定させればいいのです。国民の嫉妬心におもねるポピュリズム政治は国を滅ぼすだけです。

税制を抜本改正してがんばる人に報いる

日本は、エネルギーのほぼ100%を海外から輸入し、食料や飼料も50%程度を輸入し、多くの天然資源を海外に頼っています。グローバリゼーションは日本の宿命であり、日本は世界中の人々を魅了するモノやサービスを生み出し続けなければ生きていけないのです。

そのためには何をすればいいのかと考えれば、それは民間企業とそこで働く人々が創意工夫をして、世界の中で競争力のあるプロダクトを次々と生み出していくしかないのです。財政政策や金融政策などのマクロ経済政策で簡単に解決できる問題ではありません。国民一人ひとりの地道な努力が必要なのです。1億2800万人の国民の力を使って、どんどんいいモノや先進的なサービスを創造していかないといけません。政府は、人々が創意工夫をして、新しいモノやサービスを生み出すのを後押しするべきなのです。

そのために政府にできることはなんでしょうか?

民間企業ではどのようにマネジメントのヴィジョンを示し、社員を導いていくのでしょうか?ホームページに会社のヴィジョンでも書くのでしょうか?　誰もあんなの読まないですよね。企業がそこに働く従業員にヴィジョンを示す唯一にして最高の方法は報酬と人事です。会社のヴィジョンを実現することができる社員に高い報酬を払い、高い地位を与えるのです。国も一緒です。世界で認められるすばらしいモノやサービスを創出した国民に最高の報酬を与えないといけません。また、日本経済をより豊かにできるすぐれた人材を政府の要職に迎え入れて活躍してもらわないといけません。そして国はどうやって国民に報酬を与えるのかというと、それは税制しかないのです。税制こそが国が国民に発する最大のメッセージであり、国のヴィジョンをもっとも強く表すのです。

今の日本の税制は本当にがんばり、そして大きなリスクを取る起業家に報いているでしょうか？本当に国民経済の発展に貢献した人々に報いているのでしょうか？　人々の暮らしをよくしようという民間企業の志を大切にしているのでしょうか？　僕はそうは思いません。今の日本国政府はまったく逆のことをやっています。がんばった人々を罰しているのです。

給料の半分を税金で取られたら、高額所得者はもっとがんばろうという気が起きるでしょうか？シンガポールや香港に引っ越せば税率はたったの10％ちょっとなのに、日本に残ろうと思うでしょうか？

利益の40％を法人税で取られたら、企業は創意工夫をしてもっと儲けようとするでしょうか？そこそこに経費を使って利益を減らしてボチボチやろうと思ってしまうのではないでしょうか？

年金よりも生活保護の方が支給額が多かったら、真面目に保険料を収めようと思うでしょうか？クビにならない公務員の方が給料まで高かったら、優秀な学生は厳しい競争にさらされる民間企業に就職しようと思うでしょうか？

世界の市場で戦うよりも、政府プロジェクトの受注や補助金で安易に儲けることができたら、企業は必死にイノベーションを起こそうとするでしょうか？

才能ある人たちがチャレンジでき、それを邪魔しないような税制、世界から優秀な人材や会社が日本にやってくるような税制が必要です。そのような世界から富が集まってくる国には、自然と弱者をサポートする余裕が生まれてくるのです。具体的にいえば、法人税をアジアのシンガポールや香港と同じぐらいまで下げ、所得税もフラット化して、がんばる人が報われるようにしなければいけません。そして広く公平に取れる消費税を中心にして税収を安定させる必要があります。

税金は消費税（付加価値税）を中心にする

日本の税制は法人税と高額所得者に対する所得税が世界最高水準で、その代わり消費税が非常に低いという特徴があります。とりわけ他のアジア諸国と比べて法人税が圧倒的に高く、現在急速に成長しているアジアのマーケットにおいて、多国籍企業の中枢機能は東京から香港やシンガポールに移っています。また、金融やＩＴなどの高付加価値で場所を選ばない職種では、やはりアジアで活躍する高額所得者が東京から香港やシンガポールに流出しています。

日本は消費税率を上げ、法人税を香港やシンガポールなみに下げ、所得税の累進性を緩和することが急務です。ヒト・モノ・カネが自由に行き交うグローバル経済の中で、高収益な多国籍企業や、多くの価値を生み出す高額所得者を冷遇していては、金の卵を生むガチョウを自ら他国にゆずってしまうのといっしょです。

図表5-1 アジア諸国の法人税率と所得税の最高税率（2009年）

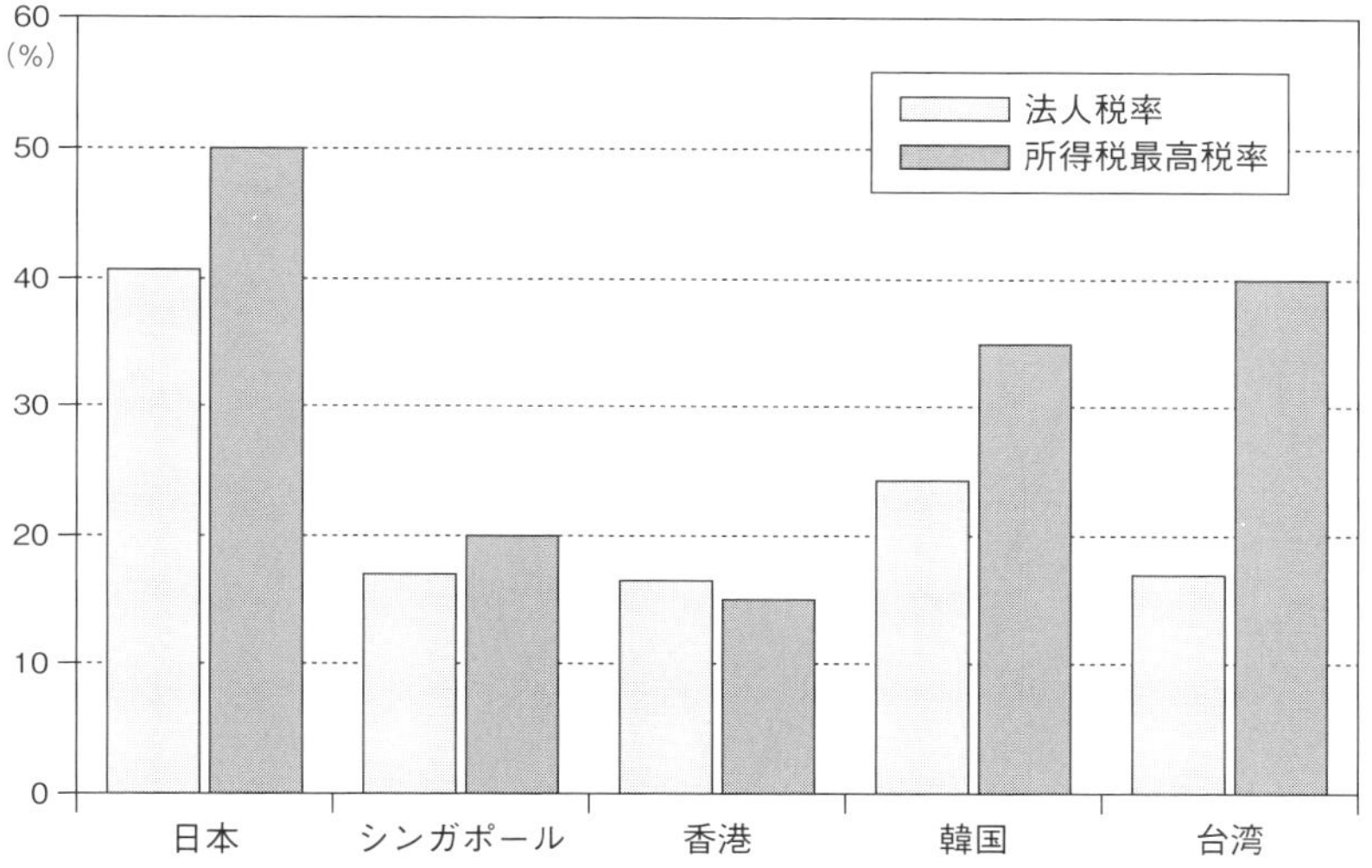

出所：KPMG、国税庁の資料より著者作成

日本の深刻な財政赤字は、確かに政府部門のムダもありますが、大きな要因は単純に社会保障費に対して税収が少なすぎることです。これは非効率でアンフェアな社会保障費をカットして、効率的で簡素なセーフティネットを新たに構築することで解決しないといけません。増税する場合は消費税しか選択肢はありません。その理由をいくつか説明します。

その1 消費税は景気に左右されずに安定している

過去20年間、所得税収は下がり続けました。30兆円近くあった所得税収は２０１０年は年間12兆円程度まで落ち込んだのです。法人税収も下がり続けています。小泉政権の時に輸出産業が息を吹き返し、多少税収が増えた時期もありましたが、やはり過去

図表5-2 | 主要税目の税収の推移

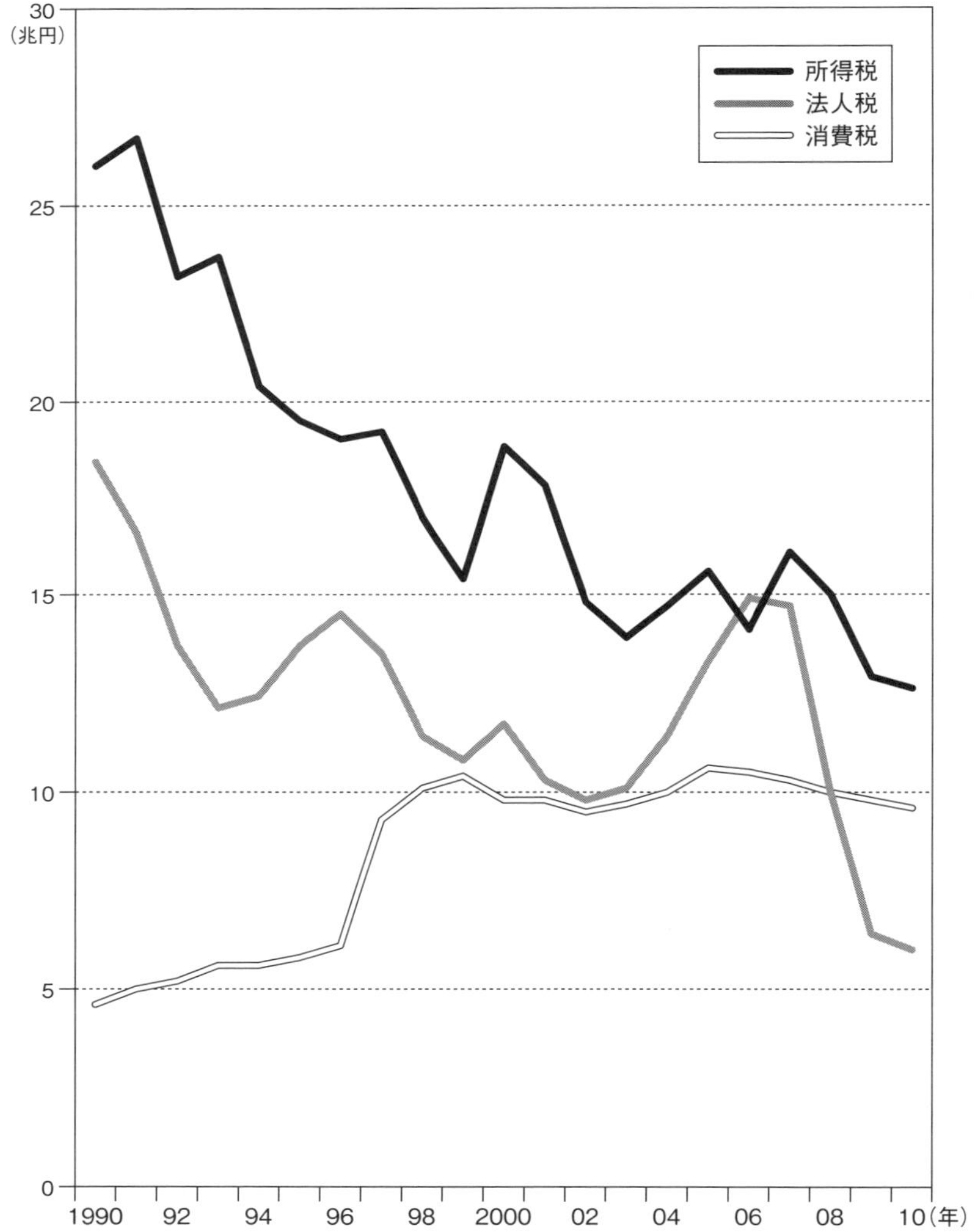

出所：財務省の資料より著者作成

20年間下がり続けています。所得税の最高税率、法人税率、ともに世界最高水準の高さであるにもかかわらず、です。

その点、消費税による税収は非常に安定しています。1997年に5％に引き上げられてから、ほぼ一貫して10兆円程度の安定した税収をもたらしてきました。消費税は景気に左右されないのです。医療費や年金、失業保険などの社会保障費は景気が悪くなったからといって簡単に減額するわけにはいかないのですから、当たり前ですが安定している税源が好ましいでしょう。この点からも国の税収の中心を消費税にするべきなのです。

その2　消費税は広く薄く平等に徴税できる

日本の年金は、全体ではほとんどの資産を持っている老人層に、資産をあまり持っていない現役の労働者が貢ぐような構造になっています。これは貧乏な人から金持ちへの所得移転です。しかしすでに約束された年金を減額するのは、政治的にも法律的にも大変困難です。そこで消費税なら、所得のない年金受給者からもまんべんなく税金を徴収できるので、この貧する若者から富む老人への所得移転を緩和する効果があります。

じつは、今後労働者として長年所得を稼がなければいけない若者ほど、所得税ではなく消費税で税金を取られた方が有利だといえます。また、このまま財政赤字が続いていけば、いつかは国家財政は破綻してしまいます。そうすれば老人の年金もなくなってしまうので、年金受給者の立場であっても、消費税は上げるべきなのです。

また、最近は所得税や法人税の安い海外にビジネスの拠点を持ち、日本に頻繁に出張してくる日本人や外国人が増えています。そういう所得税を日本に直接は収めない人からも、消費税なら税金を取れます。このように広く薄く、そして平等に徴税できるのが消費税のいいところです。

日本の書籍ネット販売で成功しているアメリカのアマゾンが、日本に法人税を納めていないことがわかって、問題になったことがありました。このように多国籍企業がインターネットを介して世界中でビジネスをする時代には、法人税率が安い国に利益を集中させる傾向がありますから、日本のような法人税率が高く、消費税率が低い国は、どんどん不利になっています。

その3　消費税は相互チェックが働くので脱税しにくい

消費税とはじつは付加価値税です。そのことをまず説明しましょう。

ＧＤＰの説明でもよく使われるパン屋の場合を考えてみます。農家が土地と太陽から小麦を作り、それを１００万円で製粉会社に売りました。消費税率が５％なら、この場合、製粉会社が農家に払う消費税は５万円です。次に製粉会社はこの小麦から小麦粉を作りそれを１５０万円でパン屋に売りました。この場合、パン屋が払う消費税は１５０万円×５％で７万５千円ですが、製粉会社は小麦を仕入れる時にすでに５万円の消費税を農家に払っているので、２万５千円しか消費税を国に納めなくていいのです。これはちょうど製粉会社が生み出した付加価値に消費税率を掛けたものと同じになります。パン屋は１５０万円で仕入れた小麦粉から２００万円分のパンを作りそれを売れば消費者は合計で２００万円×５％で10万円の消費税を払うことになります。しかしパン屋はすでに

7万5千円の消費税を製粉会社に払っているので、結局2万5千円しか消費税を納めなくていいことになります。

小麦農家が納める消費税は5万円、製粉会社が納める消費税は2万5千円、そして、パン屋が納める消費税は2万5千円。合計で10万円。これはパンが産み出したGDPに消費税率を掛けたものに等しくなります。しかしここにどういう利点があるのでしょうか？　もう一度よく考えてみましょう。製粉会社は納める消費税を減らすためには小麦農家からいくらで原材料を仕入れたのか記録しないといけません。同様に、パン屋は製粉会社から小麦粉をいくらで仕入れたか記録しないといけません。

税金をごまかすのは基本的にはふたつの方法しかなくて、それは売上を減らすか、経費を増やすかです。この場合、小麦農家が売上をちょっと抜いて申告すると、製粉会社の仕入れが減ることになり製粉会社が余分に消費税を払うことになります。それでは製粉会社が怒ってしまうでしょう。小麦農家が単独で売上をごまかせば、製粉会社の帳簿と矛盾が生じます。あらゆる事業がさまざまな取引先を必要としており、世の中の経済活動が相互につながっているので、消費税の場合、誰かが税金をごまかしても税務署が業者間の帳簿を調べれば簡単にわかってしまうのです。このように自然と強力な納税の相互監視が働くのが消費税のいいところです。

日本では売上が一定額より少なければ消費税を顧客から取っても、その消費税を納めなくてもいいという益税など、本来の付加価値税的なしくみがしっかりと機能していません。欧州諸国では、インボイス制度を導入して、仕入れ値を正確に捕捉できるようになっています。インボイスとは消費税額が記載された請求書のことです。インボイスがなければ仕入者は仕入れで払った消費税の控除ができないというしくみです。売上側と仕入れ側の相互チェックが働き、過大仕入れや過小売上の計上による脱税行為が困難になり、税がガラス張りになります。

日本もインボイス制度を導入して、付加価値に対してフェアに課税できる、脱税できない消費税を導入するべきです。逆にいえば、脱税できない制度だからこそ、日本で数が多く政治力が強い中小零細企業の反対で、なかなかインボイス制度が導入できていないわけです。

その4　消費税は地下経済からもある程度徴税できる

世の中には麻薬や売春など、法律では禁止されていてもかなり大きな経済活動が行なわれている市場があります。このような違法行為は当然ですが税務署に申告されることはありません。それらは暴力団の資金源にもなっています。違法でなくても、パチンコ屋や風俗店のように不特定多数の客が利用する現金商売では税金の捕捉がむずかしいです。僕のように100%収入が捕捉され、ごっそりと税金を取られているサラリーマンからすると、日本の税制は非常に不公平感が強いです。

しかし消費税ならこういった地下経済からもある程度徴税することが可能です。理由は単純で、違法なビジネスで稼いだお金もそれらが使われる時には消費税がかかるからです。麻薬の売人や売春婦もレストランで食事もすればブランド物のバッグを買ったりします。その時に消費税を取れるのです。

その5　消費税は個人のプライバシーを守る

所得税や相続税は課税の際に国家権力が個人の収入や財産を調べる必要があります。その点、消費税なら業者がきっちりと帳簿をつけて納税すればいいだけなので、個人は収入や財産という非常に重要なプライバシーを国家から守ることができます。この点だけを強調するなら、究極的には所得税も相続税も法人税も廃止して、消費税だけにすることが好ましいでしょう。

僕は、日本の大きな財政赤字と、日本の金融資産の多くが高齢者に偏在していることを考えると、相続税をしっかり取ることは財政規律が確立するまでの間は避けられないだろうと考えていますが、やはり、国家権力が個人の財産を根掘り葉掘り調べるという行為にはかなり抵抗があるのも事実です。相続税を強化すると口でいうのは簡単ですが、実行するのはなかなかむずかしいでしょう。たとえば現金でタンスかどこかに隠しただけで、それがみつからなければ脱税できてしまいます。それを避けるには、税務署に疑わしい家には土足で上がりこんで好きなだけ調べてもよいという権限を与えなければいけません。政府がそのような強い権限を有し、個人のプライバシーを調べるというのは好ましいことではないでしょう。

また、そもそも財産を形成する時に、すでに所得税やら法人税で税金を収めているのに、さらに残った財産に税金を課すのは二重課税で、税金として筋がよくないのは事実です。

その点、やはり資産リッチで所得がない年金生活者からもまんべんなく税金が徴収でき、個人のプライバシーが守られる消費税は好ましいといえます。

所得税も法人税も消費税もフラット10%

僕は所得税も法人税も消費税も10%フラットにするのが理想だと考えています。これで個人や企業に対する税制で香港やシンガポール、それに韓国や台湾といったアジア諸国との租税競争に打ち勝つことができます。また日本は深刻な財政問題を抱えていて、歳入を増やすことが大きな課題ですが、フェアでオープンなフラット課税にすることによって大幅な税収アップが可能になります。

アジアでは香港やシンガポールを筆頭にスタンダードになりつつあるフラット課税、つまり定率の簡素な税制を日本でも導入して、世界中から優れた人材や企業を日本に集めなければいけません。

所得税はフラット10%にすることにより大幅な税収アップが期待できるのですが、それは何も労働インセンティブが高まるなどという理屈を持ち出すまでもなく、現在の日本の平均所得税率はそもそも10%よりはるかに低いという事実があるからです。

国税庁による平成21年分民間給与実態統計調査によると、平成21年末での給与所得者数は約5400万人。民間の事業会社が払った給与総額は約192兆円。192兆円から支払われた民間が収めた所得税は7・5兆円。つまり平均所得税率はなんとわずか3・9%なのです。所得税率を10%

のフラットに引き上げれば、15兆円以上の税収増が簡単に実現できるのです。

日本は低・中所得層の税負担がかなり軽い一方で、所得税の最高税率（課税所得の1800万円以上の部分にかかる税率）が住民税とあわせて50％と主要先進国の中でもっとも重いのです。大多数の日本の給与所得者が所得税をほとんど払っておらず、過酷な税が課される高所得者層の人数は極めて少ないので、平均した所得税率はおどろくような低率となっています。これが高所得者層の海外移住を加速させ、また高所得者の海外から日本への流入を阻んでいるのです。結局はそういったツケが低・中所得者層に返ってくるのであり、愚かなポピュリズム政治ここに極まれりでしょう。

また日本の法人の7割以上が赤字です。つまり利益がマイナスなので、企業の利益に対する税金である法人税をまったく払っていません。しかしこれは節税対策のために利益を上げないようにしているだけで、実際は多くの企業が黒字になれる実力を持っています。これも10％のフラットな法人税を導入すれば、わざわざ苦労して節税しようというオーナー社長はいなくなるでしょう。

こういった赤字法人の多くが、節税対策に投入していた労力を、株式会社本来の使命である利益を稼ぎ出すことに投入するでしょう。その結果、大幅に法人税収が増えることが期待できます。実際にフラットな法人税を導入したロシアや、法人税引き下げ合戦が起こったヨーロッパ諸国では、かえって法人税収の増加につながりました。

所得税と法人税をフラット10％にして、がんばる人に報いる政治をするという強いメッセージを世界に発すれば、日本はまだまだ優秀な人材や企業を惹きつけることができます。何より簡素でフェアな税制にすることは、抑圧されていた日本人の創造性を解放することでもあります。経済が発展して、たくさんお金持ちがいる国の方が、弱者を守る社会福祉がはるかに充実するだろうことはいうまでもないでしょう。政府がフェアな競争のフレームワークを提供しさえすれば、優秀な日本人は自ずと創意工夫を重ねて世界が驚くようなモノやサービスを次々と生み出していくでしょう。

さらに消費税を10％程度に引き上げれば、日本の大きな借金などまったく問題ではありません。日本の財政問題など、じつはその程度の問題なのです。所得税も法人税も消費税もフラット10％にして、人々の労働インセンティブを引き上げ、抑圧されていた日本経済の底力を一気に開放してやりましょう。

年金は清算して一度廃止する

当たり前ですが、年金というのはマイナスサム・ゲームです。誰かに支給される年金は、誰かが払ったものです。自分が払ったよりも多く受け取れる人もいれば、逆に少ししか受け取れない人もいます。どうしてゼロサムじゃなくてマイナスサムかというと、カジノと同じ理由です。ギャンブルではカジノが寺銭を取りますが、年金は官僚や年金に関わる公益法人、システム開発を請け負う

図表5-3 公的年金の世代間格差

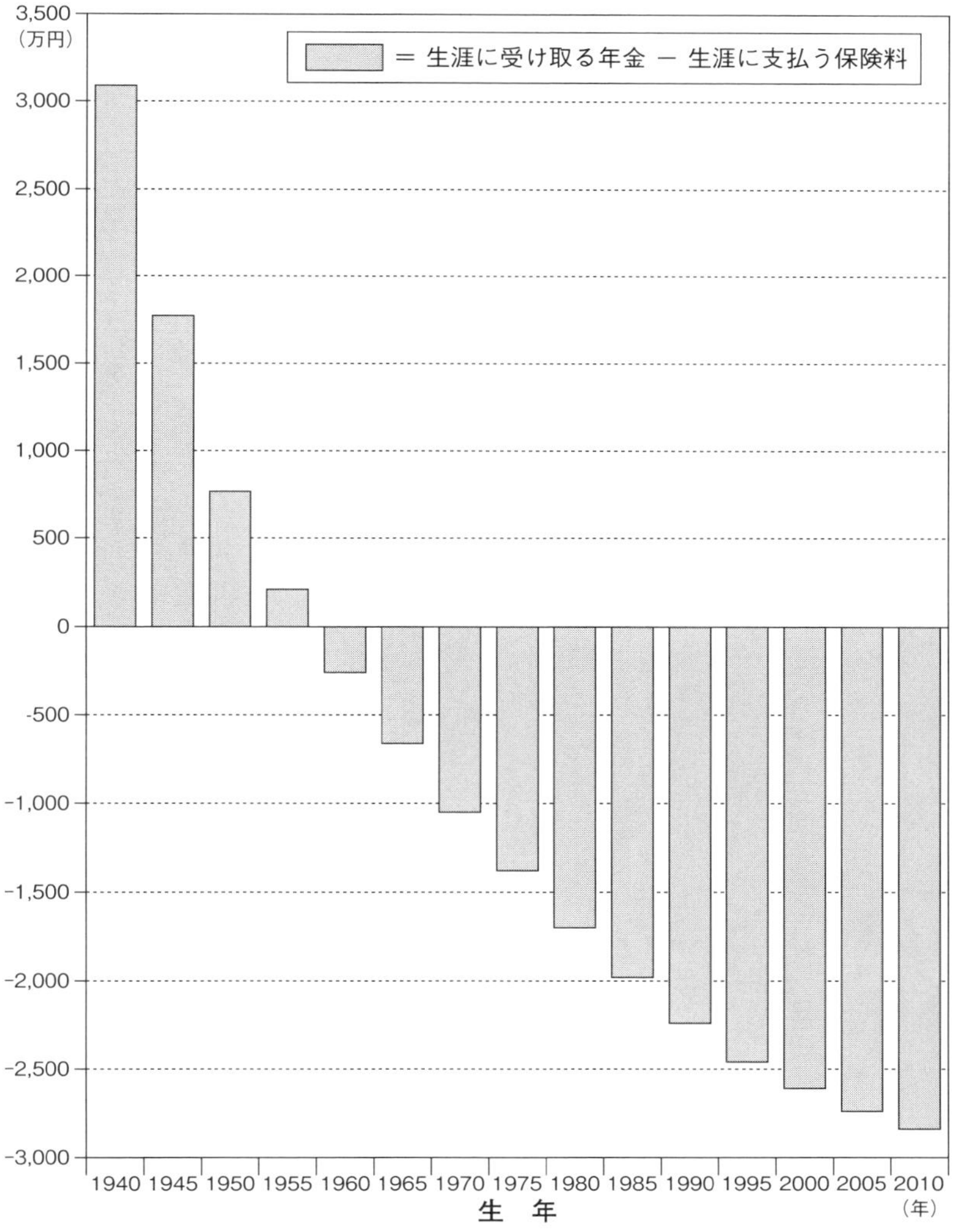

出所：『社会保障の「不都合な真実」』鈴木 亘（日本経済新聞出版社）

民間企業や資産運用会社がいくらかのお金を合法的に抜き取ります。

ギャンブルは勝つ人も負ける人もいて運次第ですが、日本の年金は最初から負ける人が決まっています。40歳以下の人たちは負け、それも大幅なボロ負けが確定しています。勝ち組は高齢者と年金ビジネスに関わる官僚や金融機関でしょう。

こんな小学生でもわかる簡単なことが、なぜか多くの国民はわかっていないようで、みんな自分が払った以上に年金をもらえると期待しているようです。こんなすでに負けがわかっている不合理なギャンブルに大切なお金を張り続けるなんてどうかしてると思いませんか？　だから年金は一刻も早く清算させるべきです。今まで支払った保険料に、日本国債と同程度の金利をつけて全額国に返済してもらいましょう。それで年金は解散です。自分の老後の面倒は自分で見る。当たり前のことです。

現状の日本の公的年金は、記録が間違っていたり、未納者がたくさんいたりと、制度設計も運用もずさんで、しかも非常に複雑であり、いったいどれほど焦げついているのか誰も正確に把握できていません。思い切っていったん清算すれば、そういった不明瞭だった部分もすべて白日の下にさらされます。今までに支払った分が戻ってくるので、当面は年金生活者の生活が困るということもありません。

もし本当に国民全員が加入する公的年金というものが必要であると国民の多くが思うのならば、一から持続的なしくみを設計しなおせばいいでしょう。

僕は、怪我や病気で働けなくなってしまった場合は、国が、つまり納税者が現在の生活保護のようなものを出すべきだと思いますが、歳を取っただけで自動的にもらえるような年金は少々疑問に思っています。これらは民間企業が提供する保険に個人が任意で入ればいい、という考え方もあります。

しかし経済学的には、国民が強制的に加入を義務づけられる公的年金にも合理的な点もあります。僕は民間でできることは民間で、と常々思っていますが、公的年金は確かに国がやった方がいい部分もあります。年金というのは長生きしてしまった時にお金がもらえるというある種の保険ですが、保険というのは民間では必ずしもうまく運用できない可能性があるからです。

まともな先進国では、年老いてお金がなくなった人に「死んでくれ」とは言えないので、そういうケースは生活保護など、結局は税金で救済することになります。なんの備えもしていなくてもどうせ政府に救済されるのなら、老後に備えて貯蓄したり、老齢年金などに加入して保険料を払う人はバカを見ることになります。モラル・ハザードです。だから国民全員に強制的に年金や医療保険に加入させて、保険料を国家権力を使って徴収する必要があります。

また逆選択の問題もあります。たとえば、生命保険などは自分が病気がちではやく死ぬかもしれないと思っている人ほど加入しようとします。最悪の場合、保険金詐欺に使われます。保険会社より、保険の加入者本人の方が、当たり前ですが本人に関してたくさんの正確な情報を持っているので、保険会社はハイ・リスクの人ばかりを（逆）選択的に集めてしまう可能性があります。そうすると保険会社は、あらかじめそういう不利なバイアスを計算して、保険料を設定しないといけません。そういった保険料は、この場合、健康な人にとってはかなり割高になってしまいます。

年金の場合は、長生きすればするほど同じ保険料に対してたくさんの給付がもらえるので、長生きしそうな人が率先して加入する、ということが起こるでしょう。このような逆選択の問題を避けるには、政府が公的な保険を運用して、強制的に全員を加入させればいいことになります。

もちろん、政府が運用するものはどうしてもムダが多く出てきますし、さまざまな既得権益を作り出してしまいますから、モラル・ハザードや逆選択の問題とこういった政府の失敗の問題と、どちらがより深刻かを議論する必要があります。多くの先進国では基本的な医療保険や老齢年金は公的に運用されているようです。

いずれにしても日本の公的年金はいったん清算して、一から設計しなおすのがベストですね。どの程度のセーフティネットが必要で、どの程度の税金の負担をするのか国民的な議論をして、社会保障制度を改革する必要があります。今のままなら破綻するのは間違いありません。

解雇自由化で労働市場を効率的にする

日本の極めてきびしい解雇規制が、企業の新規採用の抑制、非正規社員だけに押しつけられる不当な雇用リスク、日本のグローバル企業の国際競争力低下、ひいては日本経済の閉塞感の大きな原因になっています。

僕は公務員も含めて、日本の解雇の自由化が日本経済を再び成長軌道に乗せるために非常に重要だと思っています。結婚相手の職業人気1位が公務員、学生の就職先人気1位が公務員、そして新卒がみな大企業の正社員を目指す日本の現状はどう考えてもゆがんでいます。優秀な人材がリスクを取って新しいことを生み出すのではなく、そういった保守的な職業に殺到して、既得権益にしがみついていては経済が成長するはずもありません。

いったん既得権を握った大企業の正社員や公務員が、どれだけ与えられた仕事に向いていなくても、どれだけサボっていても給料をもらい続けられる一方で、非正規社員がどれだけがんばっても報われないようなしくみがあっていいわけはありません。

このように労働市場がゆがんでいるので、日本では優秀な人材がリスクとリターンを考えてこれらの職に集まってしまっているわけです。これでは江戸時代の身分制度と変わりません。いったん正社員として雇ったら、犯罪行為でもない限りクビにできないのならば、企業側は雇用に極めて慎重になります。その結果、困るのは職を探している失業者や新卒者です。

そして企業が雇用リスクを気にして採用を控える結果、数少ない正社員で仕事を回すことになります。そうすると忙しくて死にそうな正社員と、職がなくて死にそうな失業者や新卒者が並存するという、非常にいびつな労働市場になってしまいます。

また日本は解雇規制が非常に厳しいといっても、日本の会社の大多数、それゆえに多くの国民が働いている零細企業では、事実上解雇がほとんど自由に行なわれています。こういった会社では社長から「明日から会社にこなくていい」と言われたらクビです。零細企業の社員は法的手続きに明るくないのもありますが、こうした零細企業を不当解雇で訴えて裁判で勝ったとしても、日本の裁判所は紙切れ1枚書いてくれるだけで、実際にお金を取れるかどうかはまた別の問題です。その労力やコストを考えたら多くの場合泣き寝入りする他ありません。また、簡単に会社を訴える奴という評判がたってしまえば再就職は非常に困難になるでしょう。

ところが風評が極めて大切な大企業や法律を守ることが絶対的な役所では、その「紙切れ」が完全なる強制力を発揮するので、大企業の正社員や公務員は解雇されないし、解雇されたとしても弁護士のお世話になればかなり多額の金銭を「和解金」として受け取ることになるのです。

要するに日本の解雇規制は、本来、経済のフロンティアでリスクを取ってがんばらなければいけないエリート層には過剰な保護を行ない、結果的に労働市場の流動性を枯渇させ、逆に保護が必要な弱い立場の労働者には実質的に保護がない、というゆがんだ構造を作り出しているのです。

これらの問題を解決するには、解雇規制を緩和して、労働市場の流動性を高めるしかありません。ある程度の金銭的な保証を支払えば企業が社員を解雇できるようにするのです。アメリカなどは仕事ができない社員を簡単にクビにできて、公立学校の先生や警察官までリストラされます。しかし一方で労働市場が非常に流動的で、次の仕事が比較的簡単に見つかります。

日本は年間3万人以上自殺する立派な自殺大国ですが、会社が社員をクビにできない日本にこんなに自殺者が多いのに、簡単にクビにできるアメリカで自殺者が少ないことをよく考えてみるべきでしょう。

正社員がクビにならないということは、他の会社になかなか空きのポストができないということです。だから日本ではアメリカと違って、サラリーマンが転職するのがむずかしいのです。転職できないから嫌でしょうがない職場でも会社にしがみつく他ないのです。

また会社は簡単に法的に解雇できないので、解雇したい社員に対しては「自発的に」辞めてもらうように追い込もうとします。つまり社員が自分から辞めるまでいじめをしたりします。昔、某ゲーム会社で、何もない部屋に机を置いて、そこに辞めてもらいたい社員を毎日閉じ込めておくというようなことが行なわれ、新聞などで大きく報道されました。これなどは一種の拷問です。このように考えると、解雇規制が厳しいほど自殺率が高まるのかもしれません。やはり企業にとって必要ない人材になったら、お金ですっきり解決するのがお互いにとっていいのではないでしょうか。

また会社が解雇を自由にできたら、経営者による差別などが横行するのではないかと心配かもしれません。僕はその点に関しては楽観的で、むしろ誰を雇って誰をクビにしようが、それは基本的に経営者の勝手だと思っています。社員もそんな経営者が嫌だったら会社をとっとと辞めて転職でもすればいいのです。そもそも競争的な市場では、肌の色や出自などの仕事の能力に関係のない属性にこだわるような経営者は、そういうおかしなこだわりがない経営者よりもビジネスの競争で不利になるのだから、それなりのハンディキャップを背負うのであって、そのハンディキャップを抱えながら会社を経営したいならば好きにやらせたらいいのです。

それに特定の人種や性別が採用されにくくて、そういった特定のグループの人材が割安に放置されていたら、目ざとい経営者がそういう人たちをすぐに雇うでしょう。割安で優秀な人材を雇えるからです。

非常に競争的なサッカーなどのプロスポーツや、国際金融の世界では、さまざまな国籍の人たちが働いており、そのような差別はほとんどないのですが、それは何も監督や経営者が特に倫理的であるということではありません。ライバルに打ち勝つために少しでも優秀な人材を雇い入れなければならず、差別なんかしている暇がないのです。

そこで金銭解決の金額ですが、月給数ヶ月分が適当だと思います。もちろん通常の退職金も当たり前ですが支払われます。退職金プラス解雇するためのお金です。それから失業保険は国からもらえます。これは大企業にしてみたら信じられないほど格安なクビ切り料ですが、それ以上だと中小零細企業ではとても払えないでしょう。

今の法制度では大企業が正社員をクビにしようと思えば、ちょっと話がこじれると年収の2年分ほどの金を積んで仕事のできない社員に辞めていただかなければいけません。ところが実質的にはすでに解雇自由の零細企業では1ヶ月でもかなり重い負担です。零細企業が社員を解雇しなければいけない時というのは、ふつうは経営が大変きびしい時です。クビにする社員にお金を払ったために会社がつぶれて他の社員が補償もなしに路頭に迷うというのでは本末転倒です。退職金と月給数ヶ月分の解雇金と失業保険があれば、僕は十分なセーフティネットだと思います。

日本には株主資本主義こそが必要

僕は基本的には、会社が従業員を解雇したい時に一定の金銭補償でもって解雇できるようにするべきだと思っていますが、それでは会社の経営者は誰が監視するのでしょうか？　それはもちろん株主です。会社の重要事項を決定する株主総会は、持株数に応じた多数決でものごとが決まるので、発行済株式数の過半数を持てば、株主は会社のほとんどの重要事項を自分の好きなように決定することができます。

会社とは株主のもので、株主の利益を追求するために経営者が雇われます。そして経営者は株主の利益、つまり会社が儲けるために従業員を雇うのです。

経営者は会社経営の能力を株主から判断され、それが十分ではないと判断されればクビになります。また、会社の利益に貢献できない従業員は経営者にクビにされます。そして株主は誰に監視されるかというと、それは市場です。株主は人々の欲求にうまくこたえて未来を豊かにしていく会社を見抜いてお金を投じればそのお金がどんどん増えていきますし、逆に人々に役に立たないモノやサービスしか生み出せない会社に投資していては自分のお金が容赦なく減っていきます。株主の間違った判断は常に市場に罰せられるのです。

このように株主は大きなリスクを負っているのです。投資家が未来を必死で予測しながら将来性のある会社の株を買ったり、逆に社会から必要とされなくなった会社の株を売ったりする結果、いい会社の株価は高くなり、ダメな会社の株価は低迷します。株価が低迷すると市場から資金を調達するのがどんどんむずかしくなります。

このように投資家の自らの利益を追求する行動が、社会に必要とされない会社から資金を引き上げさせ、社会をより豊かにできる会社に資金を集めるのです。一見きびしいようですが、こうやって人々が必要とする会社に正しく資金が回り、社会全体がどんどん豊かになっていきます。これが株式会社、そして資本主義社会のすばらしいルールです。

このように考えると、株式会社や資本主義社会というのは、金の亡者のような株主、つまり資本家のためにあるように思えますが、それはちがいます。会社の損益計算書を見てみればこのことがよくわかります。

会社はまずモノやサービスを作って売ります。これが「売上」です。そしてそういったモノやサービスを作るのにかかった原材料費などを引きます。これが「粗利益」です。つまり会社が稼いだお金はまず会社の取引先に支払われるのです。その後に販売費及び一般管理費といった営業にかかった人件費やオフィスの家賃や光熱費などの諸々の費用が引かれます。これが「営業利益」です。それから銀行からお金を借りていればその利息が銀行に支払われます。これが「税引き前利益」です。それでもさらに残った利益に対して国が税金を課してピンハネします。ここまできてようやく「純利益」にたどり着きます。この最終的な純利益から経営者の会社役員にボーナス（役員賞与）が支払われ、株主に対する取り分（配当）が最後に支払われるのです。もちろん株主はすぐに配当をもらわずに、会社の利益を成長のために再投資した方がいい場合もあるので、その場合は配当は払わずに再投資されます（内部留保）。

このように利益配分に関しては、株主というのはじつは一番弱い立場にいます。だからこそ株主の利益を常に最優先させていけば、取引先、従業員、お金を貸した銀行、税金をピンハネする国、とステークホルダー全員がハッピーになるのです。ステークホルダーとは利害関係者という意味です。会社を自分で作って登記してみれば、会社は株主のものだということはすぐにわかるのですが、それは法律の問題だけではありません。こういうふうに会社は株主のもので、株主の利益を最大化するように経営すれば、社会全体の利益になるのです。

ところが日本では株主の利益が非常に軽んじられてきました。まず結果論ですが、株主は１９９０年に土地バブルが崩壊して以来、ずっと損し続けています。過去20年間の日経平均株価などを見

図表5-4　世界の配当込み株価指数の推移（1990年1月=100）

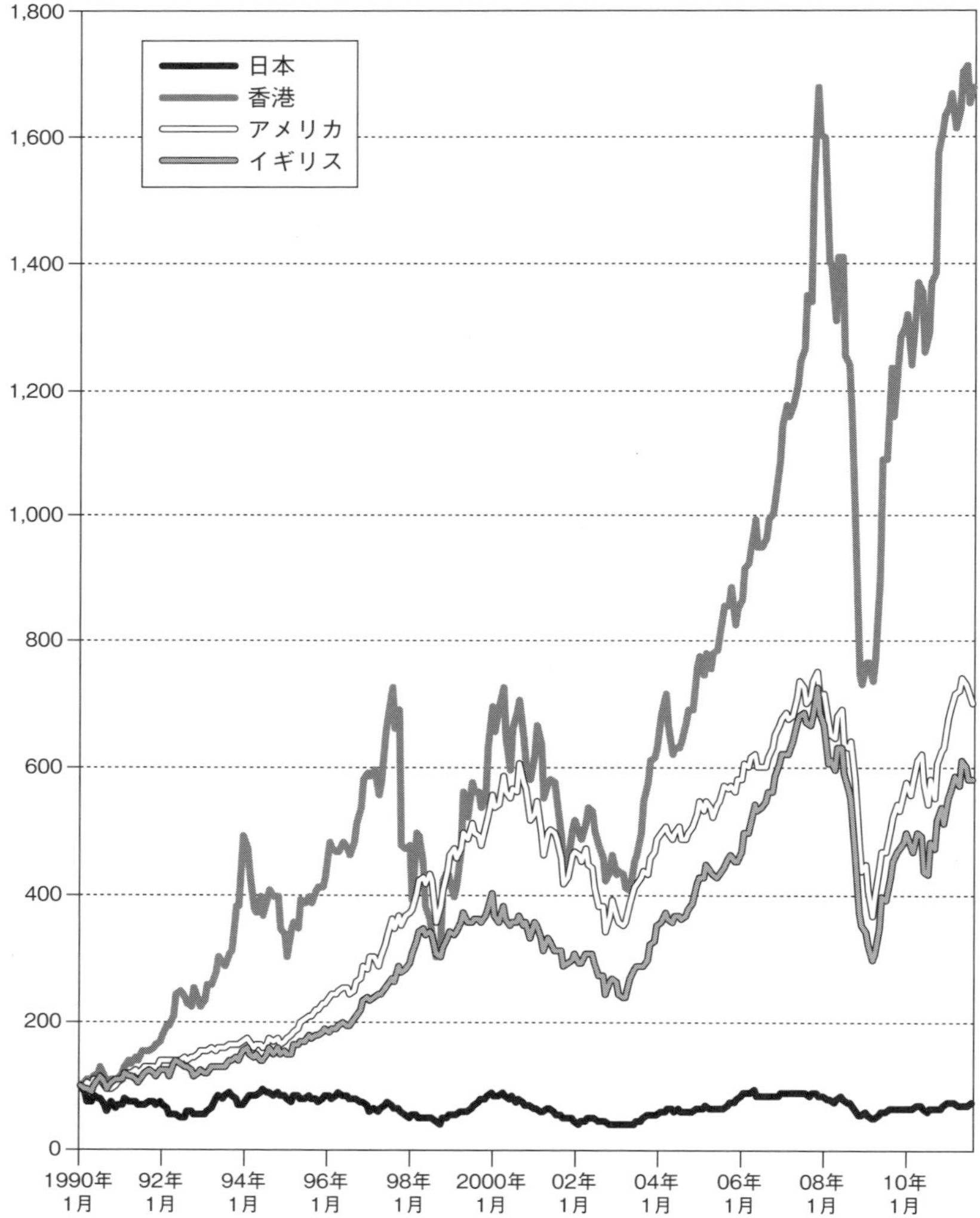

出所：S&P社のウェブ・サイトより著者作成

れば一目瞭然ですね。日本の大企業のサラリーマン経営者は問題があるといわざるをえません。彼らは株の持ち合いをしたり、さまざまな買収防衛策を張り巡らしたり、株主の権限を骨抜きにしてきました。

また、日本では上場企業の株主総会が、なぜだか同じ日にいっせいに開かれます。同時に株主総会を開くことにより、株主がひとつの会社の株主総会にしか出席できないようにして、なるべく株主から経営に口を出されないようにしているのです。

株の持ち合いというのを説明します。ふたりの仲良しサラリーマン経営者がいたとしましょう。片方の会社をA、もう一方の会社をBとします。Aは株式を100億円分発行して、その株式をBが100億円で買います。するとBはAの株主になり、Aは100億円の現金が手に入ります。このAの100億円で今度はBの株を100億円分買います。すると今度はAはBの株主になります。100億円がいったりきたりして、結局、お金が動いていないことに注目しましょう。

仲良し経営者同士でこうやって株の持ち合いをして大株主になっておけば、うるさい株主が外からやってきても安心です。日本の会社はこうやってグループ企業同士で株の持ち合いをして、株式市場本来の経営の監視機能を骨抜きにしているのです。しかも株価が長期的に下落するなか、こうやって持ち合った株で大損が出て、自らが経営する会社の財務を圧迫するというオチまでつきました。

さらに買収防衛策といって、弁護士事務所に多額のお金を払って、買収されないようにさまざまな手を打っています。

会社が買収されて困るのは保身に走る経営者や一部の従業員だけで、それ以外のステークホルダーはみんな得します。既存の株主はもちろん高い値段で株を買ってくれるところが現れて得します。多くの従業員は、無能な経営者がクビになって、優秀なマネジメントに入れ替われば仕事のやりがいもありますし、給料だって上がるかもしれません。

ダメな経営者で株価が低迷すると、もっとうまく経営して高い収益を上げられる自信がある他の会社の経営者やファンドなどに買収されてしまうのです。これは株式市場の非常に重要な自浄作用なのです。企業買収を通して産業構造がダイナミックに変化していくことこそが資本主義経済の重要な成長エンジンなのです。

物言う株主として知られた村上ファンドの村上氏や、積極的に次々と企業買収をしていたライブドア元社長の堀江氏などは、方向性としては日本経済にとって非常にいいことをしていたのです。ところがライブドアがフジテレビを買収しようとしたところ、突然、東京地検特捜部の強制捜査によってふたりとも思いがけない罪状で逮捕されてしまいました。

もちろん企業買収自体は法律的にはまったく問題ないのですが、買収される企業の経営者の強い反感を買ってしまい、こういった日本のエスタブリッシュメントの中枢にいる人たちの反撃を思わぬ形で受けてしまったのかもしれません。

今こそ株式会社、資本主義の原理原則に立ち返り、株主利益、株主の権限を法律通りに尊重する株主資本主義が日本には必要なのです。日本の産業構造は、このような資本市場の活性化なくして蘇ることはないでしょう。資本市場改革は日本経済にとって大変重要な課題です。

関税すべてゼロ、農業補助金ゼロ、農業の完全自由化を

政治家の先生や農林水産省のお役人は「食料自給率を上げる」とか「日本の美しい水田を守る」だとか、はては「米は日本人の心」などというわけのわからないことまでいろいろ言っています。そして今までにとんでもない税金が直接的、間接的に農業関連団体に注入されてきました。

食料自給率、食料自給率と政治家や役人のみなさんが騒いでいますが、一方で同じ人たちが減反政策といって、米の生産を国が管理して抑制する政策をずっとやってきました。それで余りすぎている米を作るのをちょっとやめてくれと農家に頼んで、言うことを聞いた農家には補助金を払ってきたのです。1970年以降、こういった米の減反政策に関する補助金に毎年2000億円程度の国費が投入され、現在までで累計7兆円以上になります。7兆円といったら、アメリカの穀物メジャーのカーギルやADM、ヨーロッパのブンゲなどを全部買収してもお釣りがくる金額です。もっともカーギルは上場していないし、実際に日本国政府がそんな買収をするのは現実的ではありませ

んけど。

そんな途方もない税金を投入して日本の農業の生産性が上がったかといったら、むしろ逆で、日本の農業は衰退する一方です。日本の農業の国際競争力はほとんどありません。ＯＥＣＤによると、日本の農業への直接的な補助金と、関税８００％の米のように輸入を禁止され国内のカルテルで統制された高い農産物を買わざるをえないという間接的な日本国民の負担の合計は、毎年５兆円を超えています。

ここまでくると何かとてつもなくおかしいことが行なわれているのは明らかでしょう。これはもう族議員と役人と農協と農家と御用学者の「演劇」を国民は鑑賞しているのだという他ありません。この「演劇」のチケットは毎年５兆円なのですけれど。

この奇妙な演劇ですが、じつはけっこう簡単なカラクリです。農協は全国に正組合員だけで５００万人以上もいます。とんでもない数の票を持っているのです。そしてこの票で農業族議員がたくさん当選するし、各政党にも大きな圧力をかけることができます。だから政治家は農協に逆らえないし、むしろ積極的に多くの国民から徴収した税金を農業関係者に分け与えてきました。

農林水産省の役人は自分の省庁の権限をなるべく大きくするのが仕事なので、農業補助金をなるべくたくさんぶんどってさまざまな天下り団体を作ったりして、日本の農業人口を維持していくという点で農協と利害が一致しています。

こうやって考えていくと、農業族議員と農林水産省の仕事の目的は農家の生産性を上げる芽を摘み取り、農家の生産性を低いままキープしていくことだとわかるでしょう。なぜなら大規模農業などが可能になり、農家の生産性が上昇してしまうと非常に困ったことになるからです。

やる気のある農家が他の農家の農地を買ったり、借りたりして大規模な農業を経営すると生産性が大幅に向上し、一部には輸出できる国際競争力を得る農家も現れるでしょう。また株式会社化して、企業が効率よく農産物を生産するかもしれません。こういった農業の成功者はますます規模を拡大して農地を拡大していきます。そうすると日本の自給率も上がり、農業も発展していくでしょう。そして国民により品質のよい食料をより安価に供給することになります。

ところがこれは不都合なことなのです。なぜなら、そうすると農家の人数は今よりずっと少なくてもいいことになってしまい、農業族議員の膨大な票田はなくなってしまうからです。農業族議員がいなくなると、政治力のバランスが崩れて「こんな変な天下り団体ムダじゃないか」などと都会のヘンな政治家が言い出すかもしれないので、農林水産省の役人も大いに困ります。

だから政治家と役人が一生懸命やっているのは、農家の一戸一戸の生産性をなるべく下げて、補助金や規制がないと困るような零細農家や週末に副業で米を作っている兼業農家をなるべくたくさん維持していくことなのです。

日本が進むべき道はただひとつで、それは関税やさまざまな参入障壁を取り除き、日本の農業を解放することです。

海外から安くて品質のいい食料はどんどん輸入すればいいでしょう。自由貿易によって消費者は非常に助かります。日本では、日本の風土にあった高付加価値の農産物を作ればいいし、企業が大規模に農業をして価格を下げて競争すればいいのです。アジアの富裕層の間で日本の高級食材はとても人気があります。また生鮮野菜や果物など、鮮度が要求されるものは関税がなくなったからといって日本の農家が競争力を失うわけではありません。それらは依然として日本で生産されるでしょう。いずれにしても自由貿易による海外との健全な競争の中で、農業を発展させていかないといけません。

しかしこのような経済合理性を追求する農業自由化に対して常にいわれるのが安全保障問題です。食料の自給率を高めないと外国が食料を売ってくれなかったら困るので、食料は自国で自給しなければいけないという一見もっともな論理です。本当にそうでしょうか？

いったいどういう時に外国が日本に食料を売ってくれなくなるのでしょう。日本が軍国主義のようになり、イラクや北朝鮮のように国際社会から経済制裁を加えられる時でしょうか？　だとしたら自給率を高めるよりも、国際社会から信頼される国になるよう努力する方がよほど生産的でしょう。実際のところ世界で食料の生産能力は過剰で、余った食料をいかに外国に売り込むかに必死です。日本にお金、つまり経済力さえあれば、どこかの国が必ず食料は売ってくれるはずです。

そもそも外国が日本を兵糧攻めにするような状況では、石油の方が問題になるでしょう。日本はエネルギーのほとんどを外国に頼っており、石油がなければ農業のための化学肥料も作れないし、食料を都市に運ぶこともできないからです。もし安全保障の観点から農業政策を考えるのならば、エネルギーをはじめとするさまざまな要素を統合したフレームワークで議論する必要があるでしょう。

もっと根源的な問題があります。これらの農業のコストは都市のサラリーマンの負担でまかなわれているのですが、本当に食料不足のような危機的な状況になったとして、田舎の農家は都市のサラリーマンに率先して食料を分け与えてくれるのでしょうか？　戦時中は、多くの日本の農家は食料を分け与えないか、もしくは闇市で法外な値段で売っていたと聞きます。もしそのような危機的状況で食料をもらえないとしたら、なぜ都市のサラリーマンは平時に常に負担を強いられるのでしょうか？

こういうことを考えれば、食料自給率とか安全保障などの耳触りのいい言葉に騙されてはいけないことがわかります。積極的に自由貿易を推進して、世界中からさまざまな物資を輸入できるような体制を常に整えておくことこそ、多くの日本人にとっての「安全保障」なのです。

僕は、中東などの不安定な地域に頼らざるをえない化石燃料に対する依存を減らし、原子力などのエネルギーを確保することは、日本の安全保障のうえである程度意味のあることだと思いますが、食料自給率を高めるということに対しては非常に懐疑的です。東日本大震災では、東京など大都市で食料の供給が滞るということは起こりませんでした。これは食料自給率とは無関係で、日本が世界中からいろいろな食料を輸入していたからです。

また、日本の農業開放は日本だけの問題ではありません。日本が途上国からたくさん農産物を買えば、途上国は経済的に発展することができます。途上国が豊かになれば、日本が得意とする高級家電なども売り込めるでしょう。

このように経済的な結びつきが強くなれば、日本はいざという時の物資の輸入ルートをさらに強固にできます。自由貿易はWin-Winの関係なのです。

道州制にして日本にシンガポールをたくさんつくる

日本は地方分権を進めなければいけません。世界的にも1億2800万人という行政単位は大きすぎて、中央の霞ヶ関ですべてを決めるには無理があります。世界でとても豊かな国（＝ひとり当たりのGDPが高い国）は大体人口が500万人〜2000万人ぐらいです。スイスやベルギーのようなヨーロッパの小国、ノルウェー、スウェーデン、フィンランドのような北欧諸国、アジアでは香港やシンガポールがこれぐらいの規模です。アメリカは連邦政府で、各州に徴税権や法律を作る権限がありそれぞれの州がやはり小さな国のように機能しています。

人口が少なすぎると電力供給や社会保障や国防のようなスケールメリットを必要とする分野で効率が悪くなったり十分な規模を確保できなくなってしまいますが、人口が多すぎると政策の決定プ

| 図表5-5 | ひとり当たりのGDP上位国と人口(2009年)

国名	ひとり当たりのGDP(USD)[PPP]	人口
ノルウェー	47,000	4,800,000
シンガポール	45,000	4,800,000
アメリカ	43,000	304,100,000
アイルランド	39,000	4,400,000
スイス	36,000	7,600,000
香港	36,000	7,000,000
カナダ	35,000	33,300,000
オランダ	35,000	16,400,000
イギリス	33,000	61,400,000
デンマーク	33,000	5,500,000
スウェーデン	33,000	9,200,000
オーストリア	33,000	8,300,000
オーストラリア	33,000	21,400,000
ベルギー	32,000	10,700,000
ドイツ	31,000	82,100,000
フィンランド	31,000	5,300,000
日本	30,000	127,700,000

出所:World Bankの資料より著者作成

ロセスに非常に時間がかかりますし、国内の大小さまざまな利権団体や既得権益層が政治力を持ってしまい国全体の利益を阻むという大問題があります。おそらく人口500万人~2000万人ぐらいがグローバル経済の中で繁栄する最適サイズなのでしょう。

政治的にはハードルが高いかもしれませんが、僕は日本を道州制にするのがいいと思っています。各州が徴税権を持ち、ある程度、独自の法律を作る権限を持ちます。そして日本の中央政府は、外交、防衛、環境、金融政策などの国全体でないとできない分野に特化します。

地方はほとんどひとつの国家としての権限と責任を持つことになります。一方で外交や防衛、最低限の社会保障制度などは国家として共同運営しますから、大国としてのスケールメリットも同時に活かせます。地方分権とは大国としてのメリットを活かしつつ、小国の機動性を同時に手に入れようとする野心的な改革なのです。

どうやって優秀な人材を集めるか。いかに世界で戦える企業を育てるか。世界中から人を集める魅力的な観光資源をどうやって開発するのか。そして生み出された富を地域全体を豊かにするためにいかに使っていくのか。そういった大きな責任のある政策運営を地方が担っていき、また地方同士が競争をして切磋琢磨します。地方同士の競争の結果、日本全体がどんどんレベルアップして豊かになっていく。これが日本が目指すべき道州制の姿です。

ところが日本の現状は東京で稼ぎ出した税金を、日本全国の地方に配るというただの所得移転の再分配政策です。ちょっと前まで愛知県もトヨタ自動車などの世界的な製造業があり、お金を他の地方に配る側でしたが、２００８年の金融危機でトヨタ自動車も赤字になり、地方交付税に関しては東京からお金をもらう側になってしまいました。結局のところ、東京のサラリーマンが朝から晩まで働いて稼いだお金を田舎に配るだけというのが今の日本の姿なのです。そして地方も経済的に自立しようとがんばるのではなく、いかにして国から公共事業などを誘致するのかという後ろ向きの努力を汲々としています。

「地方分権」というのは、地方が霞ヶ関に「もっと金くれ、でも口は出すな」というものであってはいけません。確かに地方で教育を受けて地方で育った人材が東京でお金を稼いでいるというのも事実です。そういう意味で、地方のすべての子供たちによい教育の機会を与えるために、東京から地方への所得の再分配は必要でしょう。また、最低限の医療を受けるための所得の再分配も必要です。しかし東京から地方への所得移転は、そういった国としてのミニマム・スタンダードを保証するということだけに留めるべきです。

各地方が自立し、グローバル経済の中での繁栄への競争に、当事者として積極的に取り組んでいくべきです。そして日本の地方はそれだけの人口規模と経済資源を持っているのです。たとえば東海地方や近畿地方のＧＤＰはそれぞれ１００兆円近くあり、これは韓国やオランダやオーストラリアの経済に匹敵する規模です。やりようによっては世界的な競争力のある道州を日本にいくつも作れるはずです。

教育バウチャー制度の導入で学校に競争原理を導入する

時代がどんどん移り変わり、必要な教育というのも変わっていきます。しかし日本の教育は旧態依然としたもので、グローバル経済についていけていません。日本のように天然資源に恵まれていない国では、国の豊かさは一にも二にも個々人の能力にかかっています。そしてその能力を少しでも高めるのが教育です。

日本では公教育の供給側に競争原理が働いていないのが問題です。文部科学省の定めたカリキュラムに汲々と従い、大学を卒業して教員免許を取得した社会人経験のない教師が子供に教えているのが現状です。そして教員がクビになることは、重大な犯罪でも犯さないかぎりありません。いい先生も、ダメな先生も、年齢や勤続年数で決まる同じ給料をもらいます。大学も文科省が定める細々とした規制に縛られており、どこの大学も似たようなキャンパスを持ち、似たような授業をしています。そして文科省の官僚が大学に天下り、その見返りとして大学側は補助金をもらうというような関係にあります。やはりこれでは進歩しないでしょう。

僕は思い切って教員免許を廃止して、教育バウチャーを導入することを提案します。教育バウチャーとは教育関連の支出、たとえば授業料などにしか使えない政府が発行する商品券です。学校側に大きな裁量を与えて、あとは市場原理にゆだねるのがいいと思います。

物理や化学や生物は、実際にハイテク・メーカーや製薬会社に勤務していたエンジニアや科学者が引退した後に教えてもいいですし、英語の授業は世界で商談をしていた元商社マンがしてもいいでしょう。わざわざ大学の教育学部を卒業しないと取れない教員免許なんていうものを作る必要はありません。

今のしくみでは教員免許を取って公立学校でたまたま英語の教師になったら、たとえ英語がしゃべれなくてもクビになることはありません。教員免許などすぐに廃止するべきです。そして民間企業が自由に学校事業に参入できるようにして、教育の供給者側に競争原理を導入するのです。今のように、教員免許を持ったものだけしか教師になれないというのでは、さまざまな経験を持った人から学ぶという生徒の教育機会をうばっているので、それを正す必要があります。

大学も企業との共同研究を積極的に行ない、特許収入や、大学発のベンチャー投資などによって、自ら財源を作り出すべきです。さらに大学生は、教育バウチャーを使って授業料の多くの部分を支払うことができるので、やる気のある学生には親の経済力によらずに教育の機会が保証されます。

また日本では東大を頂点とした暗黙的な大学の序列があります。そして大学運営が文科省の管理下に置かれ社会主義的に運営されているので、ダイナミックな大学間の競争がありません。東大をはじめ国立大学をすべて民営化して自らの責任で大学経営をできるようにしないといけません。企業や国から莫大な研究資金を引っ張れる有能な教授は、大学同士で多額な報酬によって引き抜き合うぐらいがちょうどいいでしょう。

僕は今の日本の中学・高校生に必要なものは、生きた英語教育とITとファイナンスのリテラシーだと思います。しかし文科省がトップダウンでこういったカリキュラムを押しつけてもうまくいかないでしょう。競争原理を働かせて、各学校が自律的、自発的に時代に合ったカリキュラムを提供するようにしなければいけません。

競争の激しい家電メーカーやアパレル会社を見ていると、健全な市場原理が働くところでは供給者は非常に柔軟かつ迅速に時代の変化に追随することがわかります。

そこで教育バウチャーが重要なアイデアになります。市場原理だけですべてがうまくいくなら教育バウチャーなんかはいらないのですが、教育というのは多くの場合、授業料などのコストを支払うのは本人ではなくて親だという通常の経済取引とはちがった特徴があります。もし完全に市場原理にゆだねれば、親の経済力で子供が受けられる教育が決まってきてしまいます。市場経済で国を豊かにしていくためには「機会平等」がモラルの源泉であり大変重要になります。金持ちの子供しかよい教育を受けられず、それゆえ金持ちの子供しか金持ちになれないというのでは、活力のない暗い社会になってしまいます。教育機会を平等に与えるという点での富の再分配は、政府が積極的に行なわなければいけない仕事です。

そこで教育産業に競争原理、市場原理を残しつつ、政府が教育機会の平等を実現するにはどうすればいいでしょうか？　それにはすべての子供に教育バウチャーを配り、その教育バウチャーを使って生徒が自由に学校を選択できるようにすることです。もちろんどの教育機関が教育バウチャーの対象になるかを決めることになるのは政治家や官僚なので、その際に利権が発生しないように注意深くフェアな制度設計を行なう必要があるのはいうまでもないでしょう。

こういった教育バウチャー対象機関の認定に関わる官僚組織の潜在的な腐敗は、明らかに教育バウチャーの欠点です。その点は民主党政権ではじまった子供手当てのように現金を直接渡す方がはるかにいい。しかし子供が親を選べない以上、その現金が子供の将来のために有効に使われるかどうかはわかりません。そこで教育バウチャーのように使途が限られた商品券を配るのです。ここが現金直接給付よりも教育バウチャーがすぐれている点です。

また学習意欲が高く習熟のはやい生徒には飛び級をどんどん認めるべきです。飛び級は既存の制度をそのまま使えるので、余分なコストをかけずに簡単に導入できます。よくできる中学1年生がいたら、すぐに高校生のクラスに進ませてあげるのです。よくできる高校1年生がいたらそのまま大学にいかせてあげればいいのです。

21世紀の知識社会は一握りの天才が大きな富を生み出します。15歳で大学を卒業して、会社を作り、20歳で億万長者になった、なんて人が日本からどんどん出てきてほしいものです。とにかく日本は悪平等がはびこっており、これを打破しないかぎり再び経済成長することはないでしょう。できる人にはどんどんリソースを与えて突き抜けてもらえばいいのです。

既存の教員の既得権を守るための教員免許や、官僚の権威を高めるための文科省のガチガチのカリキュラムなんて必要ありません。学校側にもどんどん自由に競争させて、各学校による創意工夫にまかせるのです。これからの知識社会を担う人材を育てるために、教員も競争にさらされて鍛え上げられないといけません。

天然資源のない日本でもっとも大切な資源は人です。その人を鍛えるための教育システムが既得権益化してしまい、あらゆる変化を拒むという現状は、日本の将来にとって大きな損失です。

移民政策は大学と企業を入り口にする

日本ではなんといっても急速に進む少子高齢化が最重要課題です。定年退職した高齢者は年金で生活し、また多くの医療費がかかります。それらのコストを支えるのが現役の労働者です。よってひとりの高齢者を何人の現役労働者で支えるかというのが、なんだかんだいっても日本という国の豊かさの多くの部分を決めてしまうでしょう。奥さんが働いているかどうか、また子供が何人いるのかで、家庭の中でのお父さんの豊かさの大部分が決まってしまうのといっしょです。

残念ながら予期せぬ出生率の大幅な低下で、日本の人口構成がいびつになってしまいました。2010年現在、ひとりの女性が生涯に生む子供の数は平均1・37人です。東京ではさらに少なくて1・1人です。

僕は人口が減ることは問題ではないと思います。人々の生活水準を決めるのはひとり当たりのGDPであって、国全体のGDPにはあまり意味がないからです。しかし問題なのは養われる人と養う人の比率です。2010年現在は3人の現役労働者がひとりの年金生活者を支えていますが、2020年ころにはこれが2人でひとりを支えるようになります。2050年にはひとりの労働者がひとりの年金生活者を支えます。

図表5-6 日本の年齢階層別人口の推移

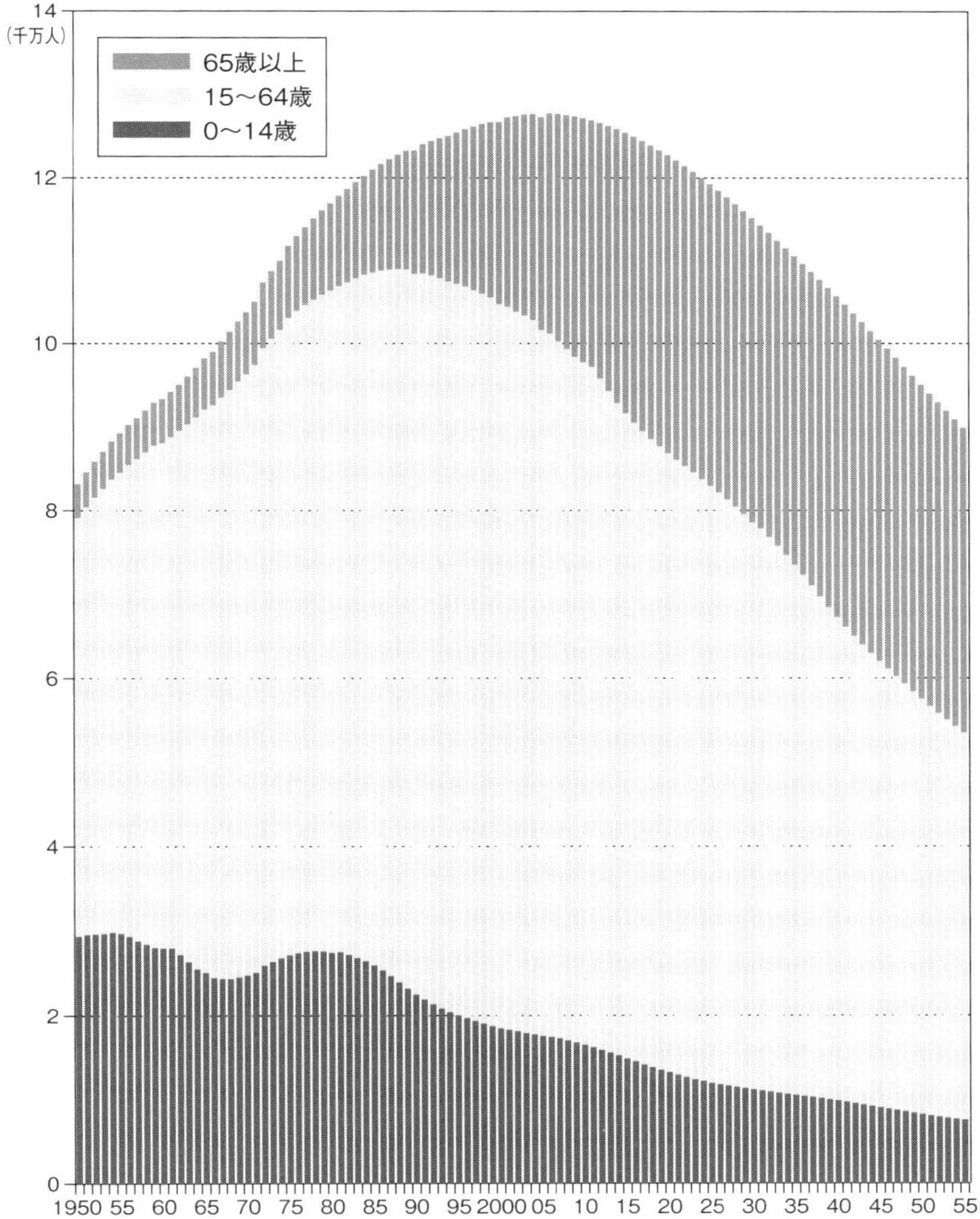

出所：国立社会保障・人口問題研究所の資料より著者作成

日本の年金が崩壊するのも、経済が縮小していくのも、この少子高齢化が最大の原因です。ここで重要なことは、日本の少子高齢化問題は過去の出生率の低下によって起こりましたが、これは少子化対策ではすでに解決できないということです。なぜならば今から女性が子供を産みはじめても、子供が学校を卒業して納税をはじめるまでに20年以上かかるからです。それまでは高齢者と同様に養われる側なのですから、今から出生率が上がっても現役労働者にはダブル・パンチです。

結局のところ、いびつな日本の人口構成と、それによる税収不足、労働力不足を解決するには移民政策しかありません。そこでどうやって移民を受け入れるかですが、これにはふたつのチャンネルがあります。留学生の受け入れと、日本で活動する企業による外国人労働者の雇用です。つまり大学と会社が、移民受け入れの窓口になるわけです。

日本の大学や大学院はもっと積極的に優秀な留学生にきてもらえるように努力するべきです。日本人の学生にとっても、留学生といっしょに勉学にはげみ、多様な文化にふれることはたいへんすばらしいことだと思います。そのために政府が税金からもっとお金を出すべきです。

日本の人口構成を修正するという意味でも、大学生、大学院生ぐらいがいいでしょう。日本に住む外国人にとっても、それぐらいの若い時に日本の文化に接し、日本語を学べば、その後に定住して日本で働く時にとてもスムースにいくはずです。

また日本で活動する企業が外国人を雇っていくことも重要です。企業が必要な人材を世界中から雇いやすいように、政府は積極的にバックアップし、不必要な規制はどんどんなくしていかないといけません。日本の病院や介護施設などでは、看護婦などの人材が恒常的に不足していますから、外国人をもっと雇い入れるべきです。ここでも政府は、外国人の自由な雇用を阻んでいる不必要な規制や法律を撤廃していかないといけません。

そしてこのように日本の企業や公的機関に雇われた外国人が、日本国籍を取得したいと望めばどんどん認めればいいのです。そして当たり前ですが、彼ら移民にも他の日本人と同じすべての権利、そして義務を与えることです。

移民政策は、大学と企業というふたつの入り口が要になります。何も日本国政府の官僚や政治家が移民政策など実施しなくても、大学教授や企業の経営者が自分の組織の利益のために必要な人材を海外からどんどん受け入れていけばいいのです。政府はそういった活動を邪魔せずに積極的にサポートし、移民受け入れを阻んでいる規制を撤廃しないといけません。そのように大学や企業の自然な需要に答える形で、日本に必要な外国人が日本にやってきて日本社会に溶けこんでいくのが理想的な移民政策だと思います。

自由市場経済を尊重する小さな政府

僕は日本の政策論争を非常に残念なものだと常に感じてきました。民間でできることは民間にやらせる。中央政府があまりに細かいことを管理するのではなく、権限を大幅に地方に移す。競争のないしくみは必ず腐るので、規制緩和をして競争的でフェアな市場経済を促進する――このようないわばあたり前のことに関して未だに多くの論者が延々とくだらない議論をしているからです。

資本主義か社会主義か、政府か市場か、などという陳腐な議論は世界ではとっくの昔に終わっています。本来、政府の政策担当者やアカデミックに経済を論じる人たちは「どうやったら市場はもっとうまくワークするのか」「どうやったら市場の失敗を政府が補えるのか」といった自由市場のパフォーマンスを改善するための繊細な制度設計を議論しなければいけないのに、政府の要職にも大学の経済学部にも未だに奇妙奇天烈な考え方を持った人たちが居座っています。だから未だに資本主義がどうのこうのといった、じつにどうでもいい話にムダな時間と労力を使わなければいけません。

歴史の中で実際に実験され、これほどはっきりと実証された経済理論は他にないのではないでしょうか。同じドイツでも西と東に別れ、長い年月の間に恐ろしいほどに社会の豊かさに差がつきました。同じような遺伝的資質を持つ人々が暮らすとなりの韓国と北朝鮮を見比べてみてもそれは明らかでしょう。

また政府が経済や国民を管理する社会は、経済的に貧しいだけではなく、旧ソ連やカンボジアやルーマニアなどの例を持ち出すまでもなく、ほぼ例外なく政府による市民の大虐殺が行なわれました。社会主義国では一部の政府高官が国民の生産活動すべてをコントロールすることになるので、必然的に政府に絶大な権力が集中し、いつの間にか都合の悪い市民の処刑をはじめるのです。

また、身の回りを見ても、競争がある市場の中にあるものと、そうでないものを比べたら明らかです。競争的な外食産業や、衣料品、電化製品などでは、我々は常によりよいものをより安く提供されます。コンビニエンス・ストアの24時間のサービスなども非常にありがたいものです。

それに比べて「地域のふれあいの場としての郵便局の一層の活用を図る（だから税金よこしなさい）」などという政治家や官僚の言葉のいかに空疎なことか。銀行業のように政府に非常に強く規制されている業界では、未だに午後3時に窓口が閉まってしまいます。裁判所は平日の昼間しかやっておらず、これではサラリーマンが利用するのは非常に困難です。町の不動産屋は休日には必ず営業しているというのに、です。

こうやって回りを見渡せば「官から民へ」の意味を理解するのに、何も多数の市民が虐殺された社会主義国家の悲惨な歴史を思い出したりするまでもないでしょう。

にもかかわらず世の中には、青い海を赤いという人がいて、空にある月はひとつではなくふたつだといい出す人もいます。僕はそういう人たちが、文学や宗教の研究をしたり、個人で本を出版したりするのはいいと思います。しかし日本にはそういう人たちが政府の要職に居座り、実証科学であるはずの経済学部で教授をやっていたりするのです。

繰り返しますが、資本主義、自由市場経済といったものに代わる、何か別の社会システムというのは今までもすべて失敗したし、これからも失敗するのです。市場経済を非難する人たちは、これという代案をまったくもって持ち合わせていません。

イギリスの元首相のマーガレット・サッチャーがいったように、自由市場、自由貿易、そしてグローバリゼーションといった自由主義以外の代案はないのです。

参考文献

本書の内容をさらに深く勉強したい方のために、いくつかの本を紹介しておきます。

経済学の教科書

『クルーグマン　ミクロ経済学』ポール・クルーグマン、ロビン・ウェルス（東洋経済新報社）
『クルーグマン　マクロ経済学』ポール・クルーグマン、ロビン・ウェルス（東洋経済新報社）

さすがにクルーグマンは文才があり、読んでいて飽きない教科書です。経済学の基本的な内容を懇切丁寧に記述しています。

『マンキュー　マクロ経済学Ⅰ入門編』N・グレゴリー・マンキュー（東洋経済新報社）
『マンキュー　マクロ経済学Ⅱ応用編』N・グレゴリー・マンキュー（東洋経済新報社）

世界一売れているマクロ経済学の教科書です。標準的な内容が丁寧かつポイントを絞ってまとめられています。

『ミクロ経済学〈1〉市場の失敗と政府の失敗への対策』八田達夫（東洋経済新報社）
『ミクロ経済学〈2〉効率化と格差是正』八田達夫（東洋経済新報社）

日本経済の事例が豊富なミクロ経済学の教科書です。この本をしっかり勉強すれば、ミクロ経済学はマスターできるうえに、日本経済の根本的な問題点もよくわかります。

ファイナンスの教科書

『なぜ投資のプロはサルに負けるのか?』藤沢数希(ダイヤモンド社)

拙著ですが、リスクやリターンなどのファイナンスの基本的な概念がまとまっています。投資とは何かを学ぶのに、最初に読むといいでしょう。

『なぜグローバリゼーションで豊かになれないのか——企業と家計に、いま必要な金融力』北野一(ダイヤモンド社)

金融市場がグローバル化した結果、一国の金融政策がどのように世界に波及するのか、するどい洞察が書かれています。

日本の労働市場の問題

『労働市場改革の経済学』八代尚宏(東洋経済新報社)

現在の日本が抱えるゆがんだ労働市場と、それを改革するための処方箋をとてもわかりやすく解説しています。

『たった1%の賃下げが99%を幸せにする』城繁幸(東洋経済新報社)

こちらの本は、読みやすい一般書です。日本の大企業の年功賃金と終身雇用の問題点を浮き彫りにします。

日本の社会保障問題

『社会保障の「不都合な真実」』鈴木亘(日本経済新聞出版社)

自民党、民主党のばらまき政策により破綻しつつある日本の社会保障制度について、的確なデータを元に解説します。

日本のデフレと金融政策

『ゼロ金利との闘い――日銀の金融政策を総括する』植田和男（日本経済新聞社）

デフレに苦しんだ日銀のゼロ金利政策、量的緩和の背後のロジックがわかりやすく解説されています。非伝統的金融政策の理解に、非常に役立ちます。

グローバリゼーションと国際経済学

『コア・テキスト　国際金融論』藤井英次（新世社）

とてもコンパクトに国際金融論をまとめた教科書です。説明が丁寧でとてもわかりやすいです。

『グローバリゼーションを擁護する』ジャグディシュ・バグワティ（日本経済新聞社）

反グローバリゼーション運動の矛盾を指摘し、グローバリゼーションがいかに世界を豊かにするか、さまざまなデータをもとに説明しています。

『ネクスト・マーケット』C・K・プラハラード（英治出版）

世界には1日2ドル未満で生活する貧困層が40億人います。そして彼らは援助を必要とする弱者ではなく、将来有望な顧客となる消費者だと説きます。ビジネスを通して対等に付き合うことが、唯一の貧困を解決する方法なのです。

世界同時金融危機について

『なぜ世界は不況に陥ったのか　集中講義・金融危機と経済学』池尾和人、池田信夫（日経BP社）

世界同時金融危機の後にすぐに出版された本ですが、的確に危機の全容を分析しています。

『フォールト・ラインズ』ラグラム・ラジャン（新潮社）

世界同時金融危機の発生とそのメカニズムまでを正確に予測していたラグラム・ラジャン教授のベストセラーです。金融危機は自由市場経済の暴走というよりも、政府と市場の狭間の断層面で起こっていることをするどく指摘しています。

『世紀の空売り』マイケル・ルイス（文藝春秋）

世界同時金融危機の時にぼろ儲けした個性的なヘッジファンドを追った小説タッチのノンフィクションです。ノンフィクションですが、経済小説としても最高のおもしろさです。

資本主義について

『資本主義と自由』ミルトン・フリードマン（日経BP社）

言わずと知れたフリードマンの古典です。今読んでも、おどろくほど「新しい」内容です。

『セイヴィング　キャピタリズム』ラグラム・ラジャン、ルイジ・ジンガレス（慶應義塾大学出版会）

資本主義経済というのは、私的所有権、独立した司法など、しっかりとした法治国家でないとワークしない非常に繊細なものだと説きます。そして競争市場の公正なルールが、既得権益者からの攻撃に常に晒されていることを浮き彫りにします。

おわりに　資本主義を資本家から守る

僕は常日頃から、資本主義社会で大成功した人たちや、鳩山元首相のような莫大な財産を相続した資産家たちが、どうして時に社会主義者になるのか不思議に思っていました。

ロシアのスターリンやカンボジアのポル・ポト、中国の毛沢東など、社会主義国家の指導者たちは、何百万人（諸説によれば何千万人）という自国民を処刑しましたし、その非効率な計画経済のために餓死してしまった国民を含めれば、被害者の数は1億人に達するといわれています。ちょうど日本の人口に匹敵する人々が「社会主義」に殺されてしまったのです。

社会主義、計画経済は、その理念である「階級のない平等な社会」などといったものとは程遠い結果になることを、歴史は証明しました。中央の高級官僚が何を生産するかをすべて決めるので、必然的に市民の職業選択の自由がなくなります。選ばれた官僚の計画通りに市民を働かせるため、強制労働が実施されます。強制労働を実現するために、市民を監視する秘密警察や、いうことをきかない市民を閉じ込めるための収容所が必要になります。世界のどの社会主義国家にも、まるで普遍的な制度のように、秘密警察や収容所が作られたのです。ちょうど市場経済を重んじる資本主義社会において、職業選択の自由や独立した司法制度が普遍的に必要なように。

実際に政府高官はいうことを聞かない市民を次々と処刑していきました。そして非効率な計画経済のために大量の餓死者が出たのです。計画経済とは、このように地獄のような社会システムだったのです。
だからこそ、なおさらどうして一部の成功した資本家が、社会主義的なものに傾斜していくのか不思議でなりませんでした。

僕自身、会社で朝から晩まであくせくと働き、わずかばかりの財産を持つようになると、おもしろいことに気がつきました。資本主義社会では、時に成功者には莫大なお金が舞い込んできます。しかし、よく考えてみると、その金の力たるや非常にか弱いものなのです。
ある程度以上のお金を得ると、お金にできることというのはまったくもって大したことがないことがわかってきます。毎日フランス料理のフルコースを食べるわけにはいかないし、たとえ食べたとしてもせいぜい一食数万円の世界です。大きすぎる家は不便で、逆に住みにくかったりします。プライベート・ジェットだって、飛行機の中で寝るだけだったら、ビジネスクラスとそんなに変わらないでしょう。

つい最近、20代で世界有数の億万長者になったFacebookの創業者の私生活がインターネットで話題になりました。それを見ても、お金ってあんまり大したもんではないんだな、と思わずにいられませんでした。ブルージーンズにスニーカーを履いて、僕たちとあまり変わらない生活をしています。資本主義社会の頂点に君臨するこの20代の若者の生活と、市民を殺したい時に虫けらのように殺せた社会主義国家の指導者たちの権力を対比させると、そのちがいに愕然とします。
大金を手に入れただけでは飽き足らない資本主義社会の一部の成功者たちは、自然と社会主義社会の支配者たちが持つ権力に惹かれていくのかもしれません。

資本主義社会の中では、成功者は常に新規参入者におびえ続けなければいけません。自分よりもすぐれた者が現れれば、とたんに自分の成功者としての地位が脅かされます。資本主義社会では「現在進行形で」優秀な者しか認められないのです。このように考えると、じつは資本主義社会の成功者、そして既得権益者たちこそ、さまざまな規制を作ったりして、自由市場の競争を制限しようというインセンティブが働くことがわかります。

また、既得権益者たちと、資本主義社会の競争に敗れた者たちが、じつに奇妙な形で連帯をはじめるのです。僕は「年越し派遣村」で有名になり、菅直人の肝いりで内閣府の政策参与になった、市民運動家である湯浅誠氏が、大企業の正規社員の利益団体である日本労働組合総連合会と同じ主張をその口から語りだした時は非常に大きな違和感を感じました。
なぜかこの市民運動家は、企業の正規社員のさらなる保護と、派遣社員のような雇用形態の禁止を訴えていたのです。派遣村のように、ホームレスの人たちへ炊き出しをしたりするボランティア活動は素晴らしいことだと思います。しかしホームレスの人たちを助けることと、派遣社員を規制して大企業の正社員の権利をさらに強化することとはまったく結びつきません。それどころか非正規社員の待遇の悪さは、正規社員の法的な保護とコインの裏と表の関係があるのです。

既得権益者たちは巧妙に市場経済の競争に敗れた者たちのルサンチマンに忍び込み、自らの権益を守るためにけしかけるのです。そして弱者たちは本当の敵を、また本当に守らなければいけないものを見失うことになります。


社会主義的な識者たちから、とかく攻撃されがちな金融というものは、資本主義経済では極めて大きな役割を担っています。洗練された資本主義社会では、まったくお金がない者でも、すぐれたアイデアと才能があれば、必要な資金を集めて起業することができます。こういったことを可能にするのが金融なのです。金融というのは社会を進歩させる大きな力を持っています。そしてその大きな力ゆえに、既得権益者の攻撃の的になります。一ベンチャー企業の若い経営者が、金融の力を借りてテレビ局を買収しようとした時、いったいどういうことが起こったのか思い出してみれば、このことは明らかでしょう。

フェアでオープンな市場、というのはさまざまな既得権益者たちに常に脅かされています。いったん勝者となった者が競争を取り除き、自分たちの既得権益を守ろうとさまざまな政治的手段を駆使して、市場のルールをねじ曲げていくからです。金融というのは、資金のない新規参入者に、こういったエスタブリッシュメントに挑戦するチャンスを与えるのですから、既得権益者が本能的に嫌うのは当然でしょう。

民主党政権は、日本郵政を国有化し政府自らが巨大な金融機関を運営しようとしています。経営破綻した日本航空を税金で救済して、航空産業さえも国有化しようとしています。さらに社内失業者に補助金を出したり、就職できない新卒を雇うことに補助金を出したり、企業が誰をどのように雇用するべきか指示をしはじめました。

また一部の国会議員や経済評論家は、日本銀行に株や不動産や中小企業への債権などを買わせようと、執拗に圧力をかけています。日銀という政府の機関で働く公務員に、金融業を営めとでもいうのでしょうか。

さらに、2011年8月には、政府が決めた値段で太陽光発電の電力を強制的に電力会社に買い取らせる法律が作られました。電力価格の統制を強く主張していたのが、日本で大成功した資本家だったりします。今こそ電力の自由化が求められているにもかかわらず、です。

こうしてオープンでフェアな自由市場がどんどん毀損され、政府が肥大化し、日本という国が社会主義へ向かっていることに、僕は大きな恐怖を感じています。

日本のような民主主義国家で、資本主義を守ることができるのは、結局のところ、僕たち一人ひとりだけなのでしょう。そのことを少しでもみなさんと共有したいと思い、僕はこの本を書きました。

謝辞

僕のブログ「金融日記」の読者の方々に感謝したいです。彼らとツイッターなどを通して議論したことが、この本を書くうえでとても役に立ちました。

この本のいくつかの記事は、言論サイト「アゴラ」に僕が連載していたものを加筆修正したものです。アゴラに連載の機会を与えていただいた、経済学者の池田信夫氏に感謝します。

東京大学のＮさんには、図表のデータを取るのを手伝ってもらい、大変助かりました。

本書の執筆にあたり、編集者の加藤貞顕さんと横田大樹さんから役立つアドバイスを多数もらいました。また、ダイヤモンド社の方々に大変お世話になりました。デザイナーの桜井淳さんと萩原弦一郎さんには図表やカバーをきれいに仕上げていただきました。

他にもさまざまな方の助けがあり、本書が完成しました。改めてお礼申し上げます。

この本を書いている時に、東日本大震災が日本を襲いました。被害にあわれた方々に心よりお見舞い申し上げるとともに、犠牲になられた方々、ご遺族の方々に深くお悔やみを申し上げます。そして今でも復興活動に関わっている多くの方々、福島第一原発で作業している方々に心からの敬意を表し、少しでも早く元の生活に戻られるように祈っています。

本書の印税の一部は、東日本大震災で被災した地域の復興のために使わせていただく所存です。

【ま】

【や】

【ら】

【欧文】

【た】

【な】

【は】

索　引

【あ】

【か】

【さ】

［著者］
藤沢　数希（ふじさわ・かずき）
欧米の研究機関にて、計算科学、理論物理学の分野で博士号を取得。科学者として多数の学術論文を世界的なジャーナルに発表する。その後、外資系投資銀行に転身し、経済動向の予測、リスク管理、トレーディングなどに従事している。おもな著書に『なぜ投資のプロはサルに負けるのか？』（ダイヤモンド社）がある。言論サイト「アゴラ」のレギュラー執筆陣のひとり。

主催するブログ「金融日記」は月間100万ページビュー 。
http://blog.livedoor.jp/kazu_fujisawa

ツイッターのフォロワーは６万人に及ぶ。
@kazu_fujisawa
http://twitter.com/#!/kazu_fujisawa

日本人がグローバル資本主義を生き抜くための経済学入門
――もう代案はありません

2011年10月14日　第１刷発行
2011年10月25日　第２刷発行

著　者――藤沢数希
発行所――ダイヤモンド社
〒150-8409　東京都渋谷区神宮前6-12-17
http://www.diamond.co.jp/
電話／03･5778･7234（編集）　03･5778･7240（販売）
装丁――――萩原弦一郎（デジカル）
本文DTP――桜井淳
製作進行――ダイヤモンド･グラフィック社
印刷――――勇進印刷（本文）・加藤文明社（カバー）
製本――――宮本製本所
編集担当――横田大樹

ISBN 978-4-478-01715-9